BAZAARSTIJL

fotografie Debi Treloar

BAZAAR STIJL

Inrichten met vintage en antiek

Selina Lake
tekst Joanna Simmons

TERRA

Nederlandstalige uitgave:
© 2008 Uitgeverij Terra Lannoo bv
Postbus 614, 6800 AN Arnhem
info@terralannoo.nl
www.terralannoo.nl

Uitgeverij Terra maak deel uit van de
Lannoo-groep, België

Oorspronkelijke uitgever: Ryland Peters & Small
Oorspronkelijke titel: *Bazaar Style*
Tekst © 2008 Selina Lake en Joanna Simmons
© 2008 Ryland Peters & Small

hoofdontwerper Amy Trombat
hoofdredacteur Clare Double
research op locatie Selina Lake, Jess Walton
productie Gemma John
uitgever Alison Starling
art director Leslie Harrington
styling Selina Lake

Productie Nederlandstalige uitgave Persklaar, Groningen
Vertaling Ireen Niessen
Redactie Linda Beukers
Opmaak Elixyz Desk Top Publishing, Groningen

ISBN 978 90 5897 875 2
NUR 454

Printed and bound in China

Alle rechten voorbehouden. Niets uit deze uitgave mag worden verveelvoudigd, opgeslagen in een geautomatiseerd gegevensbestand en/of openbaar gemaakt, in enige vorm of op enige wijze, hetzij elektronisch, mechanisch of door fotokopieën, opnamen of enig andere manier, zonder voorafgaande schriftelijke toestemming van de uitgever.

INHOUD

8   INLEIDING

12 ELEMENTEN
    meubels en opbergruimte *14*
    stoffen *24*
    kleuren en patronen *32*
    verlichting *40*
    muurdecoraties *48*
    siervoorwerpen in beeld *58*

70 KAMERS
    de keuken en eetkamer *72*
    de woonkamer *88*
    de badkamer *110*
    de slaapkamer *118*
    de tuin als kamer *130*

138 adressen
140 fotoverantwoording
142 register
144 dankwoord

INLEIDING

Van een Turkse markt met honderden stalletjes boordevol stoffen, specerijen en snuisterijen tot een dorpsbraderie waar allerhande zaken worden verkocht, zoals eigengemaakte jam of tweedehandsboeken: bazaars over de hele wereld ademen een sfeer van overvloed. Er is veel te zien en alle zintuigen worden geprikkeld. Dit boek brengt al deze kleurige diversiteit bij je thuis. Een comfortabel interieur met een persoonlijk tintje is het resultaat – misschien een tikje eigenzinnig, maar altijd boeiend.

Voor wie genoeg heeft van woontijdschriften die je precies voorschrijven hoe je je huis zou moeten inrichten, is dit boek een verademing. Het volgt de mode niet en stelt geen regels. Het geeft je fantasie de ruimte met een mengeling van meubels en stoffen uit verschillende decennia. Zo'n inrichting is eenvoudig te creëren, omdat alles mag: van vintage en retro tot gerecycled en opgeknapt. Stukken die je hebt geërfd van een oudtante kun je koesteren naast een aandenken aan een exotische vakantie. Sjofel uitziende voorwerpen krijgen een nieuw leven – een lik verf doet wonderen voor een oud dressoir en een rand van lovertjes geeft een saai kussen een totaal andere uitstraling.

Vlooienmarkten, braderieën, antiekwinkeltjes, eBay, Marktplaats en Speurders.nl bieden vele mogelijkheden, die verrassende resultaten kunnen opleveren. Van bijzondere schatten als Frans tafellinnen tot klassiekers van het Engelse platteland, zoals gebloemde theeserviezen en rustieke manden. Van retrobehang tot wollen dekens, olieverfschilderijen en oude spiegels. Spullen met een eigen geschiedenis en karakter. Een lantaarn die je na het nodige afdingen op een marktje in het buitenland hebt gekocht; een verwaarloosde stoel die je op de kop hebt getikt op een Franse brocante; een gerafeld kleedje dat je met naald en draad hebt opgelapt; al deze dingen geven je huis

een ziel. Het is toch veel leuker om een kleed te hebben dat op traditionele wijze met de hand is gemaakt? En is het niet veel interessanter om meubels te hebben die een verhaal vertellen in plaats van massaal geproduceerde bouwpakketten?

Zo'n inrichting creëer je niet met één bezoek aan een bazaar of fancy fair. Ze groeit als vanzelfsprekend in de loop der jaren, met spullen van diverse oorsprong. De schoonheid van alledaagse bezittingen komt hierin ook beter tot haar recht: praktisch alles kan er – mits zorgvuldig gerangschikt – prachtig uitzien. Kleur is een belangrijk aspect. Denk maar eens aan de warme tinten van Marokkaanse kelims in een soekkraampje, de bloemen op de markt of de kleurige ruggen van paperbacks in een tweedehandsboekwinkel. Gedurfd en uitbundig kleurgebruik werkt inspirerend en verfrissend.

Dit boek vertelt je waar je leuke spulletjes kunt vinden en hoe je ze kunt combineren. De afgebeelde interieurs zorgen voor de nodige inspiratie. Als je ziet hoe anderen hun huis inrichten, zul je met meer zelfvertrouwen in je eigen huis experimenteren. Misschien heb je nog nooit een bloemenschilderij durven ophangen tegen een achtergrond van bloemetjesbehang en had je niet gedacht dat oma's oude melkkan zo'n mooie vaas kon zijn. Je bent wellicht nooit op het idee gekomen je juwelen in een oud theekopje te bewaren of keukenservies in een antieke kledingkast op te bergen. Bekijk de bijzondere combinaties en de vernieuwende manieren waarop onopvallende voorwerpen een uitzonderlijk uiterlijk krijgen – en ontwikkel een eigen stijl. Gelukkig hoeft dit niet veel te kosten en is het niet moeilijk. Doe wat je leuk vindt en volg je intuïtie.

elementen

MEUBELS *en* OPBERGRUIMTE

Van een antieke chaise longue met een nieuwe weelderige fluwelen bekleding tot een draaistoel uit de jaren zestig – meubels die individualiteit uitstralen vormen de sleutel tot de bazaarstijl. Een modern klassiek stuk of een eenvoudig voorwerp uit een gewone winkelstraat kan ook passen in de bazaarlook, maar meestal is het interieur gevuld met meubels die een verleden hebben – met een zichtbaar eigen karakter.

LINKSBOVEN *Een bescheiden ladekast biedt de nodige bergruimte en oogt goed in bijna elke kamer. Schilder een oud houten exemplaar wit om het een fris uiterlijk te geven en zet er een verzameling siervoorwerpen op. Een muurdecoratie van veren erboven geeft het geheel een bijzondere uitstraling.*

LINKSONDER *Schoenen zijn vaak heel mooi; als je ze niet draagt, kun je van hun verschillende kleuren en modellen genieten door ze op planken uit te stallen.*

BLADZIJDE 14 *Boeken brengen leven in een kamer, maar ze hoeven niet keurig op boekenplanken gerangschikt te zijn, zoals in de bibliotheek. Hier is een doorzichtig meubel van perspex gebruikt voor een collectie gebonden boeken.*

Het mooie van tweedehands kopen is dat je zo veel keus hebt. Een moderne meubelzaak verkoopt bedden, banken, leunstoelen en tafels: meubels die zijn ontworpen voor één doel. Maar ga je op zoek naar oude meubels en laat je je creativiteit erop los, dan gaat er een wereld voor je open. Allereerst is er het verrassingselement: je kunt niet voorspellen waar je tegenaan zult lopen – van een Franse smeedijzeren bank tot een elegante buffetkast uit de jaren zeventig. Als je vervolgens bedenkt hoe objecten met een bepaalde functie kunnen worden aangepast voor een ander doel, ontstaan er allerlei mogelijkheden. Zo kan een ziekenhuistrolley dienen als bijzettafel en kan een theekast een originele plaats voor de tv zijn.

Tweedehandsmeubels zijn per definitie oud en gebruikt, maar dat betekent niet dat ze geen kwaliteit hebben. Ze zijn vaak gemaakt met vakmanschap en uit materialen die je vandaag de dag in de massafabricage nog zelden tegenkomt. Ze hebben misschien een nieuw jasje nodig, maar ze zijn met aandacht en expertise vervaardigd. Bovendien hebben ze de tand des tijds doorstaan en zijn ze vaak goedkoop. Tweedehands kopen is ook ethisch verantwoord en past in het kader van recycling en duurzaamheid. Als er zo veel fraaie kwaliteitsmeubels te krijgen zijn, waarom zou je dan nieuwe kopen?

Brocantes, veilingen en vlooienmarkten zijn plaatsen waar je interessante tweedehandsmeubels kunt vinden. Maar je kunt ook eens neuzen op internetveilingen als Marktplaats, eBay en Speurders.nl. Controleer wel altijd de afmetingen van het meubel voor je gaat bieden. Het is gemakkelijk om je te laten verleiden en te bieden op iets wat nergens in je huis past of juist

DEZE BLADZIJDE *We gebruiken vaak kunstvoorwerpen en schilderijen om een kamer te verfraaien, maar een opvallende fauteuil is een decorstuk waarin je je lekker kunt nestelen. De eigenaar vond dit exemplaar bij het grofvuil en liet het schilderen en bekleden in karmozijn.*

BLADZIJDE 16, LINKS *Deze stoel (La Chaise van Charles en Ray Eames) is een moderne klassieker. Het witte fiberglas en het modernistische ontwerp vallen nog meer op tegen het contrasterende bloemetjesbehang.*

BLADZIJDE 16, RECHTS *Fluweel is een weelderige bekleding – en deze fraaie, in roze fluweel gehulde leunstoelen voelen net zo goed aan als ze eruitzien. Verder zijn hier verschillende bloempatronen gebruikt, maar de roze tinten maken er een geheel van.*

RECHTS *Een elegante Franse stoel, gevonden in een kringloopwinkel, heeft een vrouwelijke uitstraling gekregen met roze verf en een zijden bekleding.*

BLADZIJDE 19, LINKSBOVEN
Een opknapbeurt met metallic verf en zwarte bekleding heeft wonderen verricht voor deze barokke leunstoel.

BLADZIJDE 19, RECHTSBOVEN
De aanblik van deze oranjeleren retro-stoelen met buisframes wordt verzacht door het kussen met bijpassend dessin en twee kussentjes van bont.

BLADZIJDE 19, LINKSONDER
Deze bank is bekleed met een stof van Marimekko. De print van takken en bladeren maakt er een soort kunstwerk van.

BLADZIJDE 19, RECHTSONDER
Deze stoel van groen leer en metaal is een markante blikvanger in dit interieur. De glanzende vloerplanken en witte muren vormen het ideale decor.

teleurstellend klein oogt als het arriveert. Houd ook rekening met de leverings- en vervoerskosten – je kunt je misschien iets duurders veroorloven als je in de buurt iets koopt.

De bazaarstijl draait niet per se om een goedkope inrichting. Je wilt misschien het grootste deel van je budget besteden aan een prachtige designstoel en de rest van je meubilair op vlooienmarkten kopen. Een hedendaags object of een designklassieker trekt veel meer aandacht naast geverfde meubels en comfortabele zachte banken dan in het meer voor de hand liggende decor van een modern interieur. Het is de combinatie van spullen die boeiend is, dus koop iets omdat je het mooi vindt en niet omdat het past bij iets wat je al hebt.

Als je op zoek gaat naar grote meubelstukken, zoals banken en stoelen, zul je allereerst letten op de stijl, maar kijk ook naar hoe ze zijn gemaakt. Een stevig houten frame en een goede vering van de zitting zijn belangrijk – het is duur om die te laten repareren. Opnieuw bekleden is eenvoudiger; het is ook redelijk prijzig (reken op een paar honderd euro voor een kleine leunstoel), maar je kunt wel zelf de stof uitkiezen. Een goedkoop alternatief is het bedekken van een versleten bank met lagen van foulards, linnen lakens of dierenvellen voor een nieuwe aanblik. Je kunt ook simpele losse hoezen laten maken. Als het gaat om bedden kun je oud en nieuw samenvoegen tot een goede combinatie van stijl en comfort. Een oude houten ombouw is prachtig; als je die combineert met een nieuwe lattenbodem en matras lig je ook nog eens heerlijk.

Kijk door de eerste indruk heen en overweeg de mogelijkheden van elk object. Zo heb jij de eerste keuze uit spullen die

LINKSBOVEN *Deze archiefkast was ooit grijs, maar is met gebloemd papier beplakt. In contrast met de simpele houten planken zorgt het bloemenpatroon voor de nodige levendigheid.*

RECHTSBOVEN *Het uitstallen van gewone dingen en van hun schoonheid genieten is een van de ideeën achter de bazaarstijl. In deze keuken vormt een horizontale vitrinekast een etalage voor bontgekleurd serviesgoed.*

anderen in eerste instantie over het hoofd zien. Gammele scharnieren en ontbrekende handgrepen van kasten zijn vervangbaar. Vernis kun je verwijderen, waarna je een beschermende waslaag kunt aanbrengen. En de saaiste leunstoel krijgt een fraaie nieuwe look als je hem opnieuw bekleedt met een retrostof of luxueuze velours.

Als het gaat om bergruimte, zijn inbouwkasten het geschiktst voor het benutten van een onhandige hoek of het creëren van bergingen op ongebruikelijke plaatsen (boven een deur of onder de trap), maar het kan duur zijn om ze speciaal te laten maken en je kunt ze niet meenemen als je gaat verhuizen. Je kunt natuurlijk ook losse kasten gebruiken – of een combinatie van beide. Een oude kledingkast kan in de keuken een

ruime opbergplaats voor je servies zijn, terwijl je in kastjes aan de muur voedingsmiddelen kwijt kunt. In de slaapkamer kunnen planken ruimte bieden voor schoenen en handtassen; je kleren kun je opbergen in een (ingebouwde) garderobekast.

De bazaarstijl haalt de schoonheid van alledaagse voorwerpen naar boven, dus verberg je bezittingen niet achter gladde kastdeuren: laat de meeste ervan zien, maar wel zorgvuldig gerangschikt. Maak gebruik van diverse voorwerpen om dingen in op te bergen, zoals manden, vitrinekasten, planken, houten fruit- of wijnkisten, oude toonbanken, trolleys en haken. Bewaar er van alles in, zoals handdoeken, theekopjes, kleding en aardewerk. Voor die spullen die uit het zicht moeten blijven, zijn er vele meubels die praktische aspecten en een eigen

LINKSBOVEN *Houten buffetkasten zijn echte klassiekers – ze combineren praktische opbergruimte met open planken voor mooie voorwerpen. Het schilderij van Jenny Jones toont de huiseigenaars op hun trouwdag.*

RECHTSBOVEN *Samen met traditionele objecten – een kandelaar en porselein – voorziet een relatief grote verstelbare lamp deze eetkamer van een vleugje humor. Spelen met proporties en het mixen van stijlen zijn essentieel voor de bazaarstijl.*

karakter combineren. Een oude tekeningenladekast of een houten archiefkast is bijvoorbeeld heel geschikt voor het opbergen van paperassen, mappen en postpapier. Oude koffers, metalen hutkoffers, dekenkisten en wasmanden bieden veel bergruimte en zien er ook nog eens goed uit. Gooi het speelgoed van de kinderen, je wasgoed of modderige laarzen erin en sluit het deksel. Kleinere voorwerpen kun je opbergen in oude blikken, kannen, dozen, laden en manden. Als je eenmaal aan je zoektocht bent begonnen, zul je beslist overal opbergruimte in zien!

LINKSBOVEN *Schoenen en handtassen op planken in een open kast bieden een artistieke aanblik en weerspiegelen je persoonlijkheid.*

RECHTSBOVEN *Houd je spullen niet verborgen. Deze simpele kast biedt ruimte aan kleurige manden en schoenen die zorgen voor levendigheid, kleur en textuur.*

BLADZIJDE 22 *De dessins van de stoffen en het opgeknapte meubilair geven deze tienerkamer een relaxte en prettige uitstraling. De schoolbordverf biedt de bewoonster van de kamer de mogelijkheid haar eigen kunst te creëren. De lampenkap is samengesteld uit oude knopen en de gordijnen zijn gemaakt van een lap overgebleven stof. Een oude winkelkast met laden doet dienst als opbergmeubel.*

BOVEN *De bloemen vormen de verbinding tussen de verschoten stof van de bank en de levendige kussens. De zonnebloemen zorgen voor textuur.*

RECHTS *Een 'foute' combinatie van lakens, quilts en slopen geeft dit bed een comfortabele aanblik. De gevarieerde lagen zorgen ervoor dat geen van de dessins overheerst.*

BLADZIJDE 25 *Hier bestaan twee dessins vreedzaam naast elkaar. Het behang is traditioneel, terwijl het kussen onmiskenbaar een jarenzeventiglook heeft. Doordat het kussen op een stoel in een vergelijkbare tint ligt, wordt de blik ernaartoe getrokken, terwijl het behang op de achtergrond blijft.*

STOFFEN

Gordijnen, bekleding, kleedjes, beddengoed, kussens – stoffen zijn overal in huis te vinden en brengen leven in elke kamer. Ze zorgen voor textuur, patroon en kleur – drie essentiële ingrediënten van de bazaarstijl – en maken van een gewoon interieur in een oogwenk iets bijzonders. Het geheim? Combineer de meest uiteenlopende stoffen voor een uitbundig en persoonlijk resultaat.

Met de introductie van stoffen in je inrichting bereik je snel en goedkoop resultaat. Decoreer de woonkamer met diverse kussens en blijf naar hartenlust variëren. Maak van een lap stof een comfortabel kleedje of versier een in de winkel gekocht kussen met lovertjes, kwastjes of bloemen van vilt. In de slaapkamer vervang je het keurig op elkaar afgestemde beddengoed door een mengeling van mooie patronen op dekbedovertrekken, spreien en kussenslopen. Hang vintage vitrage voor een raam om het licht te verzachten en hang daarvoor damasten gordijnen – voor privacy in de avond. Fleur een salontafeltje of nachtkastje op met een lap stof en leg er een glasplaat overheen, die je op maat kunt laten maken. Gebruik in je werkkamer een oud linnen tafellaken of een oosters kleed om een lelijk bureau te maskeren. Als je werkruimte zich in de woonkamer bevindt, creëer dan een afscheiding met mousseline, vitrage of vintage zijden shawls die je aan elkaar hebt bevestigd.

De wereld is jouw winkelparadijs als je op zoek bent naar stoffen voor je interieur. Etnische winkels zijn ideaal: je vindt er saristoffen, glanzende Thaise zijde of Marokkaanse kleedjes en spreien in felle kleuren. Op vlooienmarkten tref je vaak oude

kleden aan die er na een professionele schoonmaakbeurt weer fantastisch uitzien, maar ook mooie lappen stof, oude gordijnen en kleren. Kijk ook eens op internet voor originele stoffen uit elk decennium van de 20e eeuw. En haal je neus niet op voor reproducties: veel winkels verkopen kussens en lampenkappen met prints die zijn geïnspireerd op de psychedelische patronen uit de jaren zeventig of met vintage bloemenprints die bijna niet van de originele te onderscheiden zijn.

Stoffen bieden oneindig veel mogelijkheden. Een saristof kan een hemelbed een prachtige aanblik geven. Sarongs en shawls staan goed op banken of leunstoelen, net als oude dekens en patchworkquilts. De stof van tweedehandsgordijnen is

LINKSBOVEN *Het bloementhema maakt een fraaie eenheid van kussens in diverse vintage stoffen uit meerdere decennia.*

RECHTSBOVEN *Etnische stoffen hebben vaak krachtige, intense kleuren. Hier ligt een Marokkaans kussen tegen een geborduurd Indiaas kleed; hun gezamenlijke palet maakt ze tot een prachtig duo.*

BLADZIJDE 26 *Lichte muren en roze accenten – Marokkaanse kussens geven kleur aan de eenvoudige bank; hun tinten komen terug in de muurdecoraties. Ana Drummond maakte het Just Say No Thank You-schilderij.*

DEZE BLADZIJDE *Deze gerieflijke oude bank in een tuinhuis is bedekt met dekens, kleden en kussens voor een uitnodigende aanblik. De lagen textiel hebben als bijkomend voordeel dat ze de versleten bekleding van de bank camoufleren.*

BLADZIJDE 29, LINKS *Vierkante vloerkussens in heldere kleuren vormen een praktisch, informeel alternatief voor een traditionele bank. Zet bijpassende kussens tegen de muur voor extra comfort — en voeg een zachte deken toe voor een knusse sfeer.*

BLADZIJDE 29, RECHTS *Een stapel van diverse stoffen in felle kleuren is een echte blikvanger. Leg de stoffen op planken of in een grote, ondiepe mand tot je tijd hebt om er kussenhoezen of kleden van te maken — of doe er verder niets mee.*

geschikt voor de hoezen van kussens – net als wollen truien of vintage jurken en blouses. Je hebt er alleen een naaimachine en een vrije middag voor nodig. Een gordijn levert misschien niet genoeg materiaal op voor een tafelkleed, maar dan kun je er fraaie placemats van maken. En door een stukje mooie stof in te lijsten, maak je in een handomdraai een kunstwerk.

In de bazaarlook worden stoffen vaak louter voor de sier gebruikt – ze hoeven geen praktisch doel te dienen. Dus als je een schitterend stuk stof of een mooi oud gordijn ziet, hang dat dan tegen een muur of voor een deuropening. Bevestig stroken kant of stof met een mooi patroon boven een raam of aan een tafelrand. Gebruik punaises om een verzameling zakdoeken of servetten aan een muur of deur vast te prikken. Maak stapels van stoffen in een mand of op een plank, zodat je van de kleuren en dessins kunt genieten voor je er bijvoorbeeld kussenhoezen van maakt.

Er zijn geen regels als het gaat om het 'etaleren' van stoffen, alleen richtlijnen. Rangschik ze in lagen, zodat opvallende

LINKSBOVEN *Deze uitgestalde stoffen, borduurwerkjes en gebreide dekens – deels familie-erfstukken – bieden een gevarieerde aanblik.*

RECHTSBOVEN *Kant en delicaat geweven stoffen zijn vaak te vinden op markten; ze staan prachtig voor het raam. Hier zorgt het kant voor de nodige privacy. De geborduurde stof op de wandtafel eronder creëert een mooi textuurcontrast.*

BLADZIJDE 31 *Deze slaapkamer bevat een eclectische mix van patronen, texturen en stoffen, van het exotische behang tot de gebloemde hemel. De beddensprei is gemaakt van aan elkaar gestikte stukken sierband.*

prints niet domineren. Bedek een laken met een bont patroon gedeeltelijk met een verschoten quilt – zo kun je er wel van genieten, maar overheerst het je slaapkamer niet. Zorg altijd voor een verbindend element – een hoofdkleur of een vergelijkbaar patroon – of dat nu gebloemd, geometrisch of retro is.

Zorg ook voor veel textuur. Een kamer die uitnodigt tot aanraking oogt comfortabeler dan een kamer die er alleen prachtig uitziet. De voelbare verrassing van een zijden kussen naast een exemplaar van mohair – of een kleedje van nepbont naast eentje van katoen – biedt aangename afwisseling. Verken ook de diverse texturen die één soort materiaal kan opleveren. Wol kan dik en gerieflijk aanvoelen in een oude deken, maar ook zacht en sensueel in de vorm van merinowol uit Spanje, die beroemd is vanwege de extra lange vezels.

DEZE BLADZIJDE *In deze woonkamer is het kleurgebruik krachtig en helder. Er zitten weinig drukke patronen in het schema. De neutraal getinte muren en de glanzend zwarte vloerplanken vormen een simpel decor voor het enorme kunstwerk, de kussens met hun grafische print en het gestreepte kleed. In deze strakke inrichting komen designmeubels goed tot hun recht.*

BLADZIJDE 33 *Een kleed met een grafisch patroon vormt hier de blikvanger. De muren zijn effen wit en laten de kleuren van het kleed goed uitkomen. De oranje bank en de lavendelkleurige trap passen perfect in het kleurenschema.*

KLEUREN *en* PATRONEN

Sinds mensenheugenis hebben we kleuren en patronen in huis gehaald. Het is een natuurlijke behoefte om te decoreren en te verfraaien – en zo onze woonomgeving mooier en prettiger te maken. In dit hoofdstuk lees je hoe je kleuren en patronen optimaal kunt gebruiken.

BOVEN *Servies zorgt op kleine schaal voor kleuren en patronen. De borden en het dienblad delen een bloemenpatroon en heldere kleuren.*

RECHTS *Dit vintage behang uit de jaren zeventig — gekocht op eBay — staat perfect bij het dressoir uit een kringloopwinkel.*

BLADZIJDE 35, LINKS *Een kleurenschema van grijs, zwart en wit en een mix van geometrische vormen en patronen geven dit vertrek een krachtige uitstraling. De spiegel versterkt de impact van het kleed.*

BLADIJDE 35, RECHTS *Gekleurde glazen bakstenen vormen een mooi scheidingswandje; de tinten komen terug in de stoel en het kleed.*

In de middeleeuwen werden zelfs eenvoudige onderkomens vaak kleurig geverfd door witkalk te mengen met de ingrediënten die voorhanden waren, zoals dierenbloed of gele oker. In de elizabethaanse tijd werden in Engeland stoffen gebruikt om kleur toe te voegen, terwijl in de georgiaanse periode (1760-1830) blauwe en groene pasteltinten op de muur gebruikelijk waren, die werden gemaakt door koper of ijzersulfaat door de pleisterkalk te mengen. Halverwege de 19e eeuw kwam het behang in de mode. Ook werden er nieuwe verfstoffen ontwikkeld, waardoor dessins in heldere kleuren de statige herenhuizen veroverden, waar ze moesten concurreren met zware gordijnen, dikke tapijten en veel ornamenten. In deze historische context is de tamelijk recente hang naar eenvoud en lichte tinten waarschijnlijk van korte duur. Mensen zijn altijd al gek geweest op kleuren en patronen.

Verf is een gemakkelijk en goedkoop middel om kleur mee aan te brengen. Besteed een dagje aan het schilderen van muren en je huis heeft een compleet nieuwe look. Je hoeft niet elke

KLEUREN EN PATRONEN

alles is altijd anders
de kracht om niet te slaan
het liedje in je hoofd
een mooi plaatje is niet genoeg
op zoek naar bestaans-recht

LINKS *Haal kledingstukken met mooie patronen uit je garderobekast en hang ze op voor een kleurige bijdrage aan je inrichting. Hier passen de kleren mooi bij de kussens eronder.*

BLADZIJDE 36, LINKSBOVEN
De behangen muur contrasteert met de ruw geverfde muur met een stuk groen: een nonchalante mix van patroon en kleur.

BLADZIJDE 36, RECHTSBOVEN
De deels witgekalkte muur met daarop stukken behang is waarschijnlijk het resultaat van een nooit afgemaakte klus; de eigenaar vond de combinatie zo kennelijk mooi.

BLADZIJDE 36, LINKSONDER
Geborduurde zakdoeken aan een muur: een ongewone decoratie.

BLADZIJDE 36, RECHTSONDER
Op deze muur is met stalen van behang een patchworkeffect gecreëerd.

kamer te verven – en zelfs niet elke muur. Wil je niet dat de kleur te veel overheerst, gebruik hem dan als accent tegen een neutrale achtergrond, bijvoorbeeld op een schoorsteenmantel of een smalle muur. Ook kun je de raamkozijnen verven. Verf die geschikt is voor hout (hoogglans, zijdeglans en mat) is verkrijgbaar in veel tinten, dus geef deuren, plinten en lijsten een kleurtje terwijl je de muren wit houdt. Je kunt ook je houten vloer verven: dat is ook een manier om kleur te gebruiken en tegelijk de muren neutraal te houden.

Voor een combinatie van kleuren en patronen is behang erg geschikt. Behang is weer helemaal in de mode en is verkrijgbaar in de meest uiteenlopende patronen en prijsklassen. Er is zelfs nog origineel behang uit de 20e eeuw te vinden – zoek er maar eens naar op het internet. Gebruik behang als een soort kunstwerk door het op één muur of in een nis te gebruiken. Je kunt het ook inlijsten of stukken behang naast elkaar plakken voor een patchworkeffect. En daar hoeft het niet te stoppen: voeg nog meer 'lagen' toe door een bloemenschilderij of een felgekleurde jurk op een gebloemd behang te hangen. Kies je voor duur behang of is het patroon ingewikkeld, laat het dan door een professional aanbrengen. Ook met textiel kun je kleuren en patronen in je huis introduceren – dit past prima in de bazaarstijl. Leg gekleurde kussens en kleden op een neutraal getinte bank; spreid geborduurde lakens, exotische kleden en gehaakte spreien uit over een bed. Ben je handig met naald en draad, gebruik dan een mengeling van lapjes stof om kussenhoezen of losse hoezen voor de zittingen van banken of leunstoelen te maken. Zo voeg je dessins toe en geef je oude meubels een nieuwe uitstraling.

BOVEN *Heldere kleuren, zoals limoengroen, kunnen een kamer totaal opfleuren. Zorg voor balans met neutraal getinte muren en simpele meubels.*

RECHTS *In dit Marokkaanse huis creëren allerlei kussens van plaatselijk aangeschafte stoffen een levendige zithoek bij de openhaard.*

BLADZIJDE 39, LINKS *Lagen van kleuren en patronen doen het goed in de bazaarstijl. Deze fotolijsten weerspiegelen de roze, rode en gele tinten van het behang; de strepen zorgen voor een grafisch contrast. Het behang is door Matthew Williamson ontworpen voor Habitat.*

BLADZIJDE 39, RECHTS *Een set van een lamp en vazen staat goed bij het behangpatroon (Bird Tree van Neisha Crosland). Een grotere uitstalling zou chaotisch kunnen ogen.*

Voor de ramen zijn bergen tweedehandsgordijnen te koop op vlooienmarkten. Zijn de patronen te bont of verschoten, pas ze dan aan met stukken effen katoen of zoek naar een alternatief: een tafelkleed, een laken of een stuk kant voldoet soms ook. Een vloer maak je mooi met een bont kleed – zoals een oosters tapijt of een retro-exemplaar met een jarenzeventigpatroon; of kies voor een natuurlijke look met een zebraprint of plantendessin. Verplaats je kleed ook eens naar een andere kamer, leg kleden in lagen of laat ze onder stoelen en tafels vandaan komen. Met kleden haal je kleuren en patronen in huis.

Voor de bazaarstijl is het goed als je van je eigen smaak overtuigd bent, maar het is soms ook handig om van een bepaald thema uit te gaan. Kies bijvoorbeeld voor Marokkaanse kleden – de gemeenschappelijke achtergrond zorgt in dit geval voor een visuele samenhang. Je kunt ook uitgaan van een kleur: geel-blauwe Marokkaanse vloertegels passen bij kussens met een jarenzestigpatroon in dezelfde kleurstelling – ook al zijn ze uit verschillende landen en perioden afkomstig. Zoek naar een gezamenlijk kenmerk wat het patroon, de kleur, de periode of de herkomst betreft en creëer zo een samenhangend geheel.

VERLICHTING

We zien de verlichting vaak over het hoofd bij de inrichting, maar ze is erg belangrijk. Lampen beïnvloeden de sfeer en onze stemming; ze helpen ons bij het vervullen van diverse bezigheden – van het aanbrengen van make-up tot kokkerellen. Verlichting speelt een praktische rol, maar hoeft niet strak te ogen. In de bazaarlook wordt basisverlichting gecombineerd met bijzondere lampen en lichtjes.

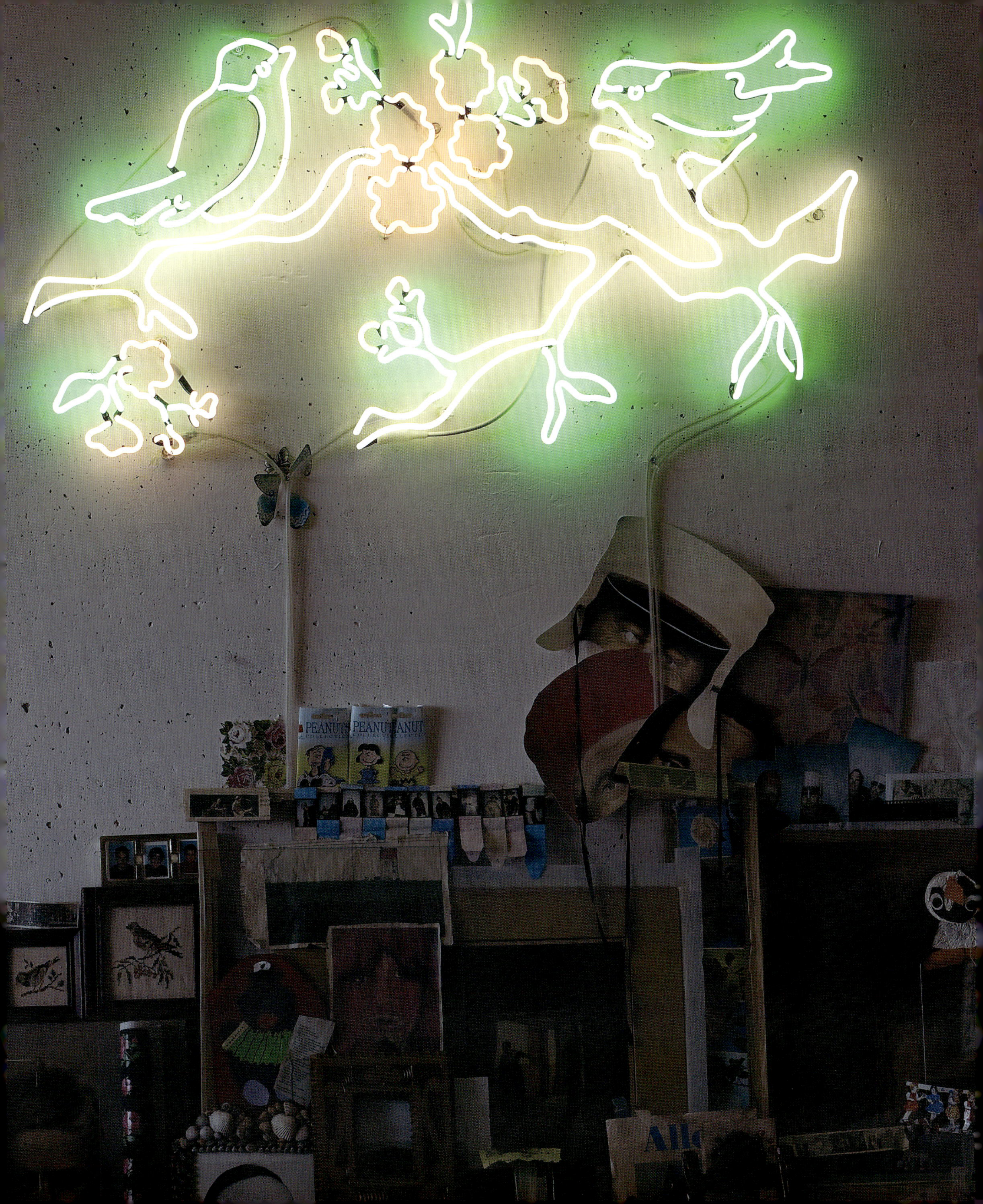
PEANUTS
PEANUT
ANUT

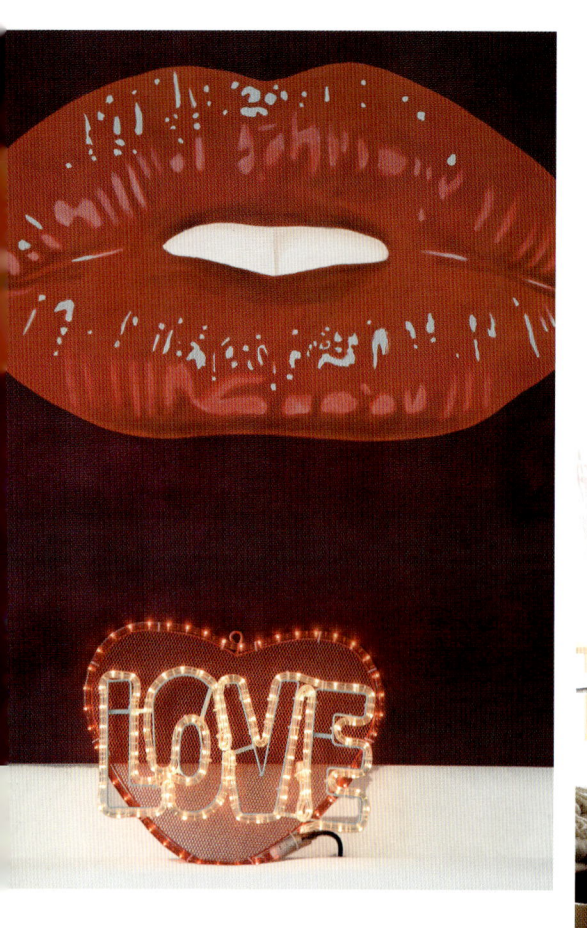

In veel moderne interieurs ligt de nadruk op ingebouwde verlichting, bijvoorbeeld met rijen spotjes in de muur of vloer. De bazaarstijl gaat terug naar de basis, met staande lampen, kroonluchters, tafellampen, kandelaars en decoratieve kappen. Je kunt je huis verlichten zoals je het hebt ingericht, met een mengelmoes van retro, vintage, tweedehands en exotisch. Enthousiast over deze aanpak? Hier volgt enige achtergrond-informatie. Verlichting is in te delen in vier hoofdtypen, die elkaar in een 'geslaagde inrichting' aanvullen. De basisverlichting bestaat uit de plafondlamp, staande lampen, wandlampen en ingebouwde spotjes. De taakverlichting ondersteunt diverse bezigheden, van schrijven tot scheren. Een verstelbare bureaulamp en tl-buizen onder keukenkastjes zijn daar voorbeelden van. Accentverlichting is gericht op een bepaald

DEZE BLADZIJDE *Verlichting kan praktisch zijn, maar ook – zoals hier – decoratief. Een lichtketting met kleine lampjes boven de entree van een kamer verzacht de aanblik; de kleine spiegelbollen maken het geheel nog sprankelender. De kroonluchter erachter zorgt voor een klassieke uitstraling.*

BLADZIJDE 42, LINKS
Je kunt lichtslangen gebruiken om tekens en letters mee te vormen. 's Avonds is het effect opvallend en kitscherig op een leuke manier.

BLADZIJDE 42, RECHTS
De eigenaars van dit huis maakten de bank zelf en bevestigden rode lichtslangen aan het frame. Als ze aan zijn, verspreiden ze een rozeachtig licht in de gordijnen en op de vloer.

LINKSBOVEN *Als de zon naar binnen schijnt, wordt de vloer van dit Marokkaanse huis bezaaid met blokken kleur.*

RECHTSBOVEN *Een gewone gloeilamp in een ronde, roze glazen kap verspreidt heel zacht licht.*

BLADZIJDE 45, LINKSBOVEN *Een theelichtje beschijnt de siervoorwerpen eromheen.*

BLADZIJDE 45, RECHTSBOVEN *De uit de vaas hangende lichtslang verleent het marmer van de schoorsteenmantel een warme gloed.*

BLADZIJDE 45, LINKSONDER *De lichtketting rondom deze vlindercollectie weerspiegelt het ontwerp van het scherm eronder.*

BLADZIJDE 45, RECHTSONDER *Een lichtketting in een nis creëert een ontspannen sfeer.*

object en is meestal drie keer zo sterk als de basisverlichting; denk hierbij aan spotjes en klemlampen die je aan een plank kunt bevestigen om op een siervoorwerp te richten. Natuurlijk licht van buitenaf behoeft geen toelichting, maar het is wel belangrijk om er optimaal van te profiteren.

Als je de bestemming van elke kamer hebt bepaald, kies dan voor een mengeling van lichtbronnen om de juiste balans te creëren tussen sfeer en praktisch nut. Er zijn ook enkele simpele trucs die je kunnen helpen ten volle te profiteren van de kenmerken van elke kamer. Zo maak je een kamer met een hoog plafond gezelliger door staande lampen en tafellampen dicht bij elkaar te plaatsen voor lage clusters van licht. Ook kun je downlighters gebruiken om langs de muur te laten schijnen

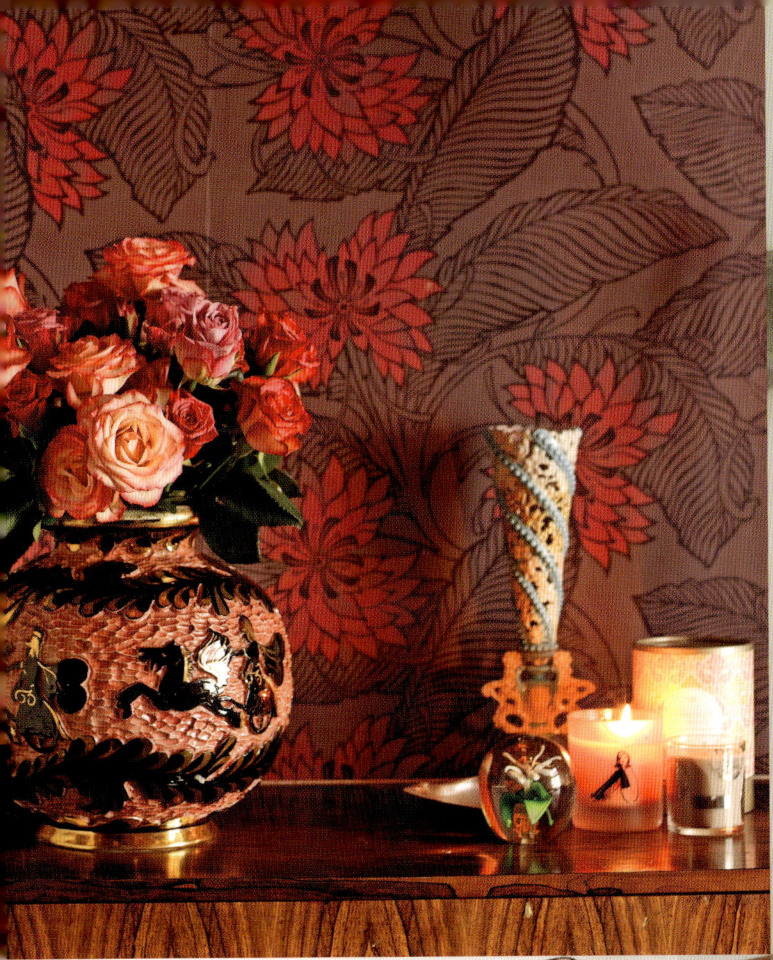

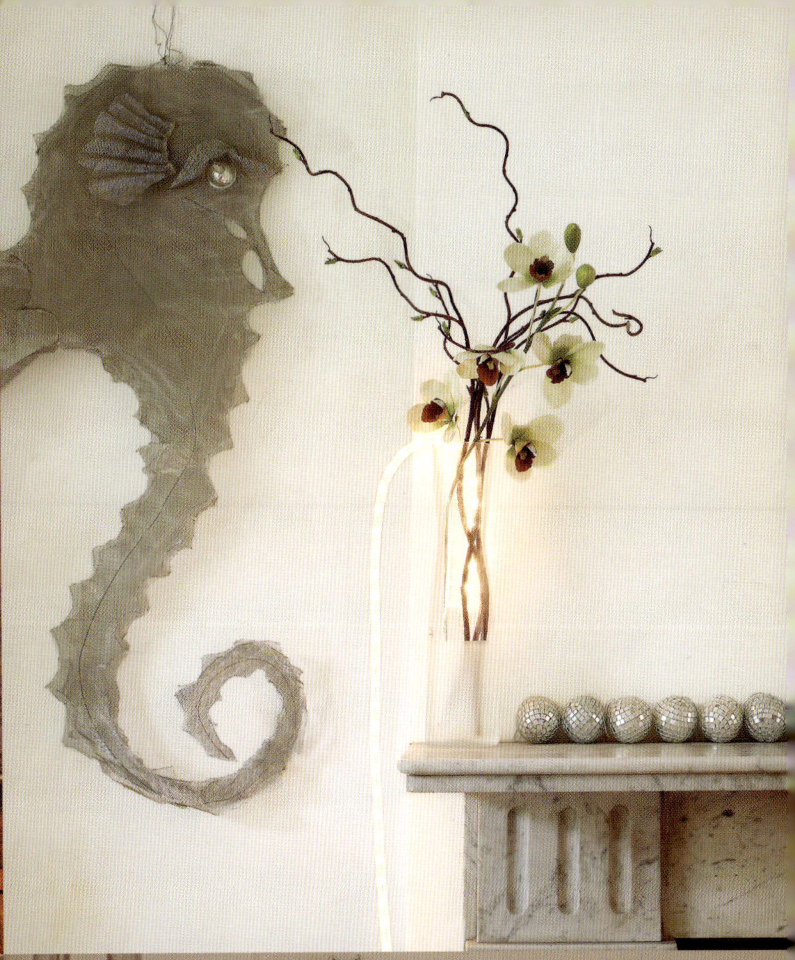

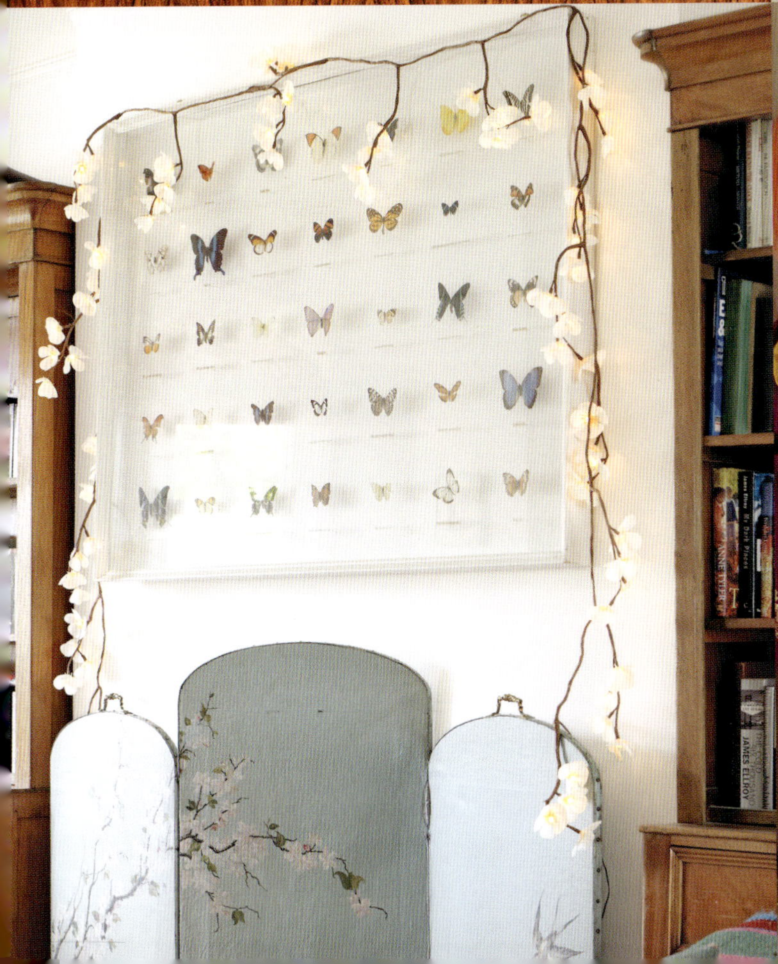

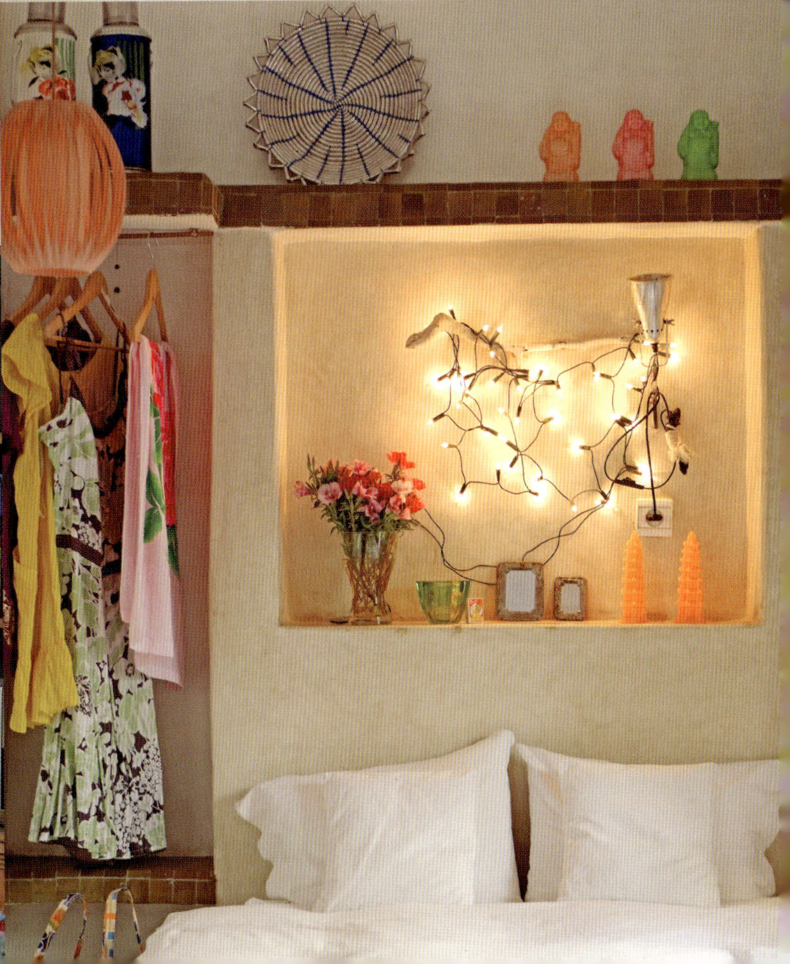

LINKSBOVEN *Beschilderde zijden lantaarns uit Chinatown in New York zijn al prachtig zonder lampen erin.*

RECHTSBOVEN *Schijfjes van ondoorzichtig parelmoer (van oesters) worden vaak gebruikt voor sieraden of, zoals hier, elegante lampenkappen. Ze tinkelen als ze in beweging komen.*

BLADZIJDE 47, LINKSBOVEN *Een gebogen staande lamp met een opvallende bol als kap drukt een stempel op deze woonkamer – of hij nu aan is of niet. Ook de tafellamp op de wandtafel erachter geeft een aangename verlichting, gereflecteerd door de spiegel.*

BLADZIJDE 47, RECHTSBOVEN *Deze exotische Marokkaanse kap van gekleurde glazen kralen verspreidt een boeiend lichtpatroon.*

en de blik weg te leiden van de hoogte van de kamer. Om een kleine kamer groter te doen lijken, plaats je plafondverlichting langs de rand en niet alleen in het midden. Om natuurlijk licht optimaal te benutten hang je zo weinig mogelijk voor het raam. Kies liever voor gordijnen van mousseline dan van fluweel, hang spiegels tegenover ramen en maak gebruik van weerkaatsende oppervlakken en lichte kleuren.

Heb je eenmaal een goede mix van lichtbronnen gecreëerd, op de juiste manier verdeeld over de kamer, dan kun je je gaan bezighouden met de decoratieve kant ervan. Naast gewone cilindervormige lampenkappen zijn er veel bijzondere opties, van golvende plastic vormen uit de jaren zestig tot tinkelende kappen met schijfjes parelmoer en beschilderde papieren lantaarns. Ze geven de lampen allemaal een eigen karakter en beïnvloeden de hoeveelheid licht in de kamer. Een papieren kap zorgt voor een milde, gelijkmatige gloed, terwijl een metalen Marokkaanse kap met gaatjes lichtpatronen op je muren laat schijnen. Combineer allerhande lampenkappen en lampvoeten. Geef nieuw gekochte exemplaren een bazaarlook met broches, buttons en corsages.

Net als oude meubels en siervoorwerpen kun je tweedehandslampen met liefde en aandacht opknappen. Metalen kappen en verstelbare bureaulampen kun je overspuiten; lampvoeten van glas en keramiek kun je schoonmaken met een sopje; houten lampvoeten kun je verven. Ook lampenkappen kun je reinigen en opkalefateren door er linten, knopen of lovertjes op te naaien. Koop je oude lampen, laat ze dan wel controleren en indien nodig repareren door een elektricien.

Blijf experimenteren; in de bazaarstijl passen ook moderne decoratieve lamptypen. Lichtslangen – honderden ledlampjes in doorzichtige kabels – hebben een fantastisch effect langs de trap of schoorsteenmantel. Eenvoudige lichtkettingen zijn er in diverse soorten, maten en tinten; je kunt er een gezellige sfeer mee creëren. Gebruik ze rond een schilderij of een deurkozijn; of wikkel ze om blokken hout in een niet-werkende openhaard.

Heb je genoeg van elektrisch licht, ga dan eens terug in de tijd en gebruik kaarsverlichting. Van theelichtjes tot hoge elegante kaarsen: niets kan op tegen de romantiek en schoonheid van een echte vlam. Bovendien zijn kaarsen goedkoop en overal verkrijgbaar. Het leukste is het zoeken naar houders. Van jampotjes tot kandelaars: er zijn talloze mogelijkheden om zacht kaarslicht een mooie uitstraling te geven.

BOVEN *Een Russisch impressionistisch schilderij krijgt iets extra's door de bloemenslingers en halskettingen die over de lijst hangen. Zo kun je ook van je sieraden genieten wanneer je ze niet draagt.*

RECHTS *Je schilderijen rangschikken op thema is een handige manier om een indrukwekkend en samenhangend geheel te creëren. Hier zie je kitscherige afbeeldingen van exotische vrouwen – allemaal gekocht op de markt in Portobello Road in Londen – aan één muur.*

BLADZIJDE 49 *Deze flatscreen-tv is omringd door allerlei ingelijste afbeeldingen en kan zo bijna doorgaan voor kunst.*

MUUR-DECORATIES

Het kan lastig zijn om schilderijen te vinden die passen in jouw stijl, vooral als je in de reguliere winkelstraten op zoek gaat – en we hebben niet allemaal een budget voor de aanschaf van originele werken uit galeries. Dé oplossing: struin de tweedehandsmarkt af op zoek naar bijzondere en unieke stukken die je mooi vindt en die goed staan in de bazaarstijl, waar ongewone spullen altijd een plaats vinden. Er zijn veel oude kunstwerken en foto's te koop in antiekzaken, op markten en in brocantes; en je hoeft er meestal maar weinig euro's voor neer te tellen.

Maak een keuze uit olieverfschilderijen en/of tekeningen van amateurs – of selecteer dierbare familiefoto's van voorbije generaties. Ook oude reclamepanelen die van alles aanprijzen (van bier tot zeep) zijn vaak op markten te vinden. Ga ook eens op zoek naar ansichtkaarten uit de eerste helft van de vorige eeuw. Ze staan allemaal prachtig aan de muur en de persoonlijke geschiedenis die ze vertegenwoordigen, weegt ruimschoots op tegen eventueel technische onvolkomenheden of beschadigingen.

Spiegels zijn schitterende aanwinsten voor bijna elke kamer. Ze zien er niet alleen goed uit, maar dienen eveneens een praktisch doel: ze reflecteren het licht, zodat de kamer groter lijkt. Hang een spiegel tegenover een raam of deur voor een optimaal effect. Je kunt er ook optische trucjes mee uithalen. Als je een bos bloemen voor een spiegel zet, ziet hij er twee keer zo groot uit. En de weerkaatsing van een spiegel maakt de gloed van kaarsen intenser. Spiegels zijn er in alle soorten en maten. Ze

DEZE BLADZIJDE *Kleren kunnen – mits zorgvuldig geordend – een kunstwerk vormen. Hier is een aantal jurken en rokken, gemaakt door de modeontwerpster die hier woont, opgehangen aan de muur. Als je je kleren zo presenteert, moet je ze wel geregeld uitkloppen en afborstelen om stof te verwijderen en kreuken te voorkomen.*

BLADZIJDE 51 *Kunst aan de muur hoeft niet duur te zijn. De muur van deze gang is bedekt met oude omslagen van tijdschriften en modefoto's in simpele lijsten. Op de muur ernaast hangen ouderwetse geborduurde belkoorden met vogels en oosterse taferelen voor een kleurrijk contrast.*

VOGUE
APARTMENT LIVING
SMALL SCALE
BIG IMPACT
HIP SPACES
i-D
magic

kunnen een plat of licht gebogen oppervlak hebben. Er zijn staande en hangspiegels met houten sierlijsten of simpele vlakke randen. Ze passen in elke kamer, omdat ze geen afbeelding en dus geen drukte toevoegen; ze weerspiegelen alleen maar het licht, de kleuren en bewegingen die in de kamer aanwezig zijn. Op oude spiegels kunnen roestvlekjes zitten – waar het aluminium of zilver eraf is gesleten – en de reflectie kan dan wat vaag zijn. Dit draagt echter bij aan de charme van het voorwerp en vormt het onomstootbare bewijs van zijn ouderdom.

Er bestaan geen regels voor het ophangen van schilderijen, foto's en spiegels, maar als je zelf geen ideeën hebt, kun je je altijd laten inspireren door de bazaars van Iran, Turkije en Marokko. Van oudsher worden grote bazaars als die van Teheran en Istanboel in gangen verdeeld; in elke gang vind je bepaalde typen goederen – van specerijen en tapijten tot parfums en sieraden. Ga van ditzelfde principe uit en sorteer je objecten. Hang vergelijkbare onderwerpen bij elkaar – portretten, landschappen, paarden, stillevens of bloemen – of rangschik de voorwerpen op toegepaste techniek: maak dan bijvoorbeeld onderscheid tussen olieverfschilderijen, houtskooltekeningen en aquarellen. Je kunt ook op kleur of afmeting ordenen: een muur met grote doeken biedt een opvallende aanblik, evenals een reeks kleine foto's in strakke zwarte lijstjes.

Denk aan de indeling van echte bazaars en onthoud daarbij dat overvloed en een natuurlijke uitstraling meer indruk maken dan orde en netheid. Bedek je muren daarom gerust op een

DEZE BLADZIJDE *Een kleurrijk patchworkkleed bedekt deze schouwmuur. Het is gemaakt van de kragen die Indiase mannen bij traditionele bruiloften dragen. De textuur ervan past bij een slaapkamer, waar sensualiteit en zachte stoffen welkom zijn.*

BLADZIJDE 52, LINKS *In de bazaarstijl mag je alles net even anders doen. Hier staan verse bloemen niet in een vaas, maar zijn ze tegen de muur geplakt, waar ze een driedimensionaal kunstwerk vormen.*

BLADZIJDE 52, RECHTS *Foto's, ansichtkaarten, namaak- en droogbloemen, brieven en artikelen uit kranten en tijdschriften bieden een levendige aanblik. Zo wordt in deze werkkamer een persoonlijke uitstraling met praktisch nut gecombineerd – hoe meer papier er aan de muur hangt, hoe minder paperassen er op het werkblad liggen.*

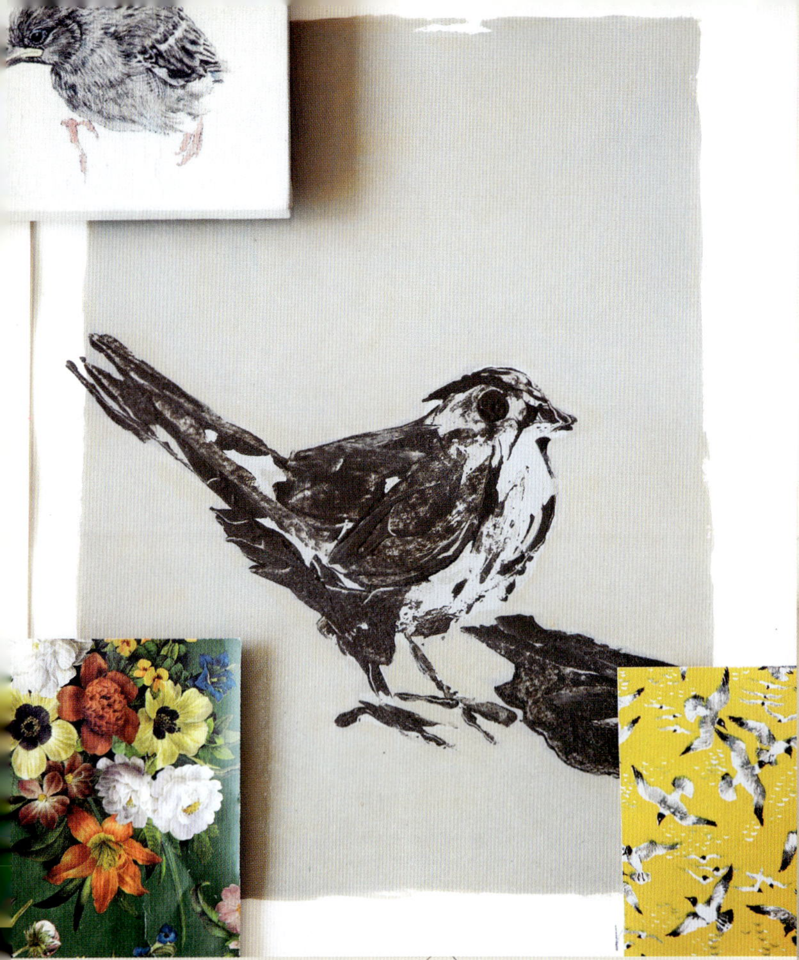

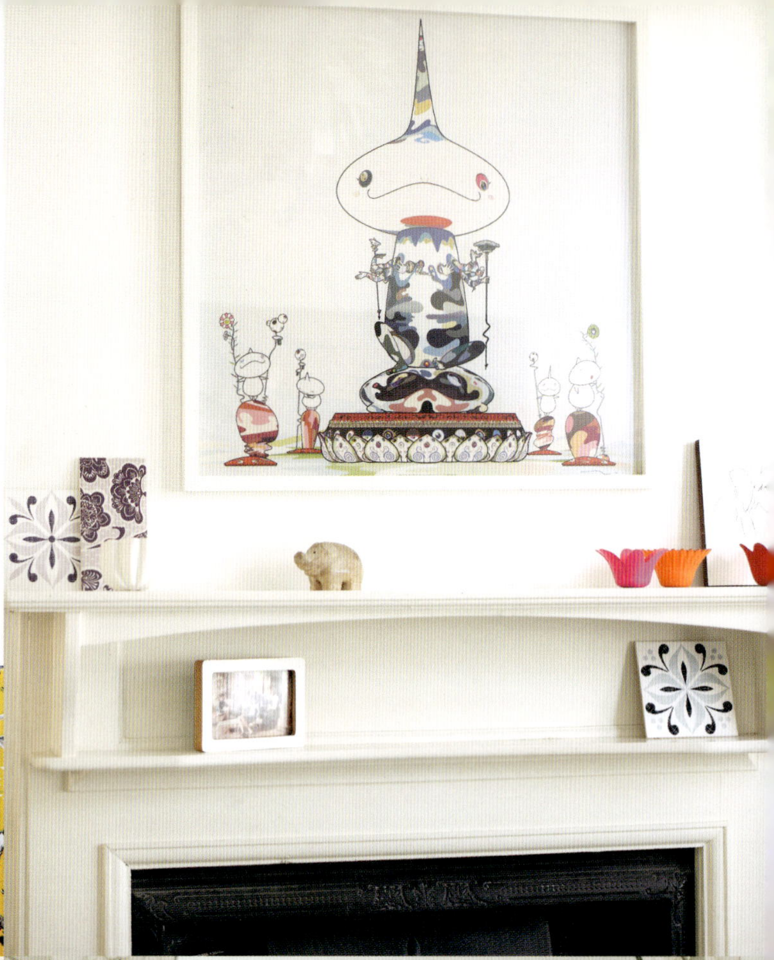

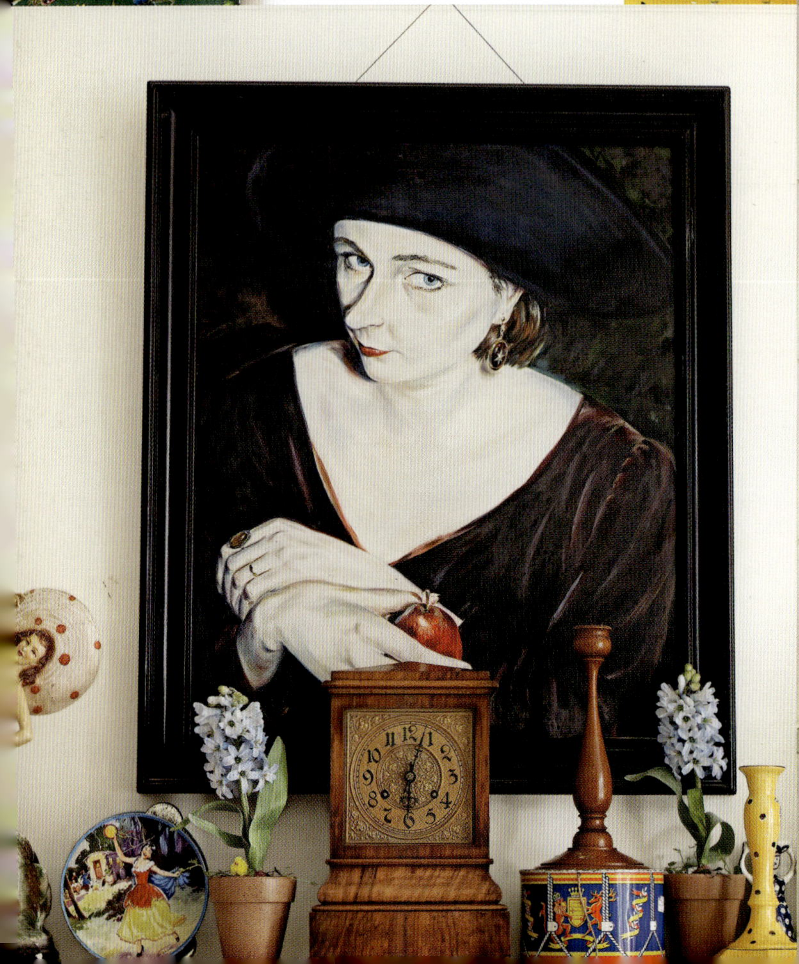

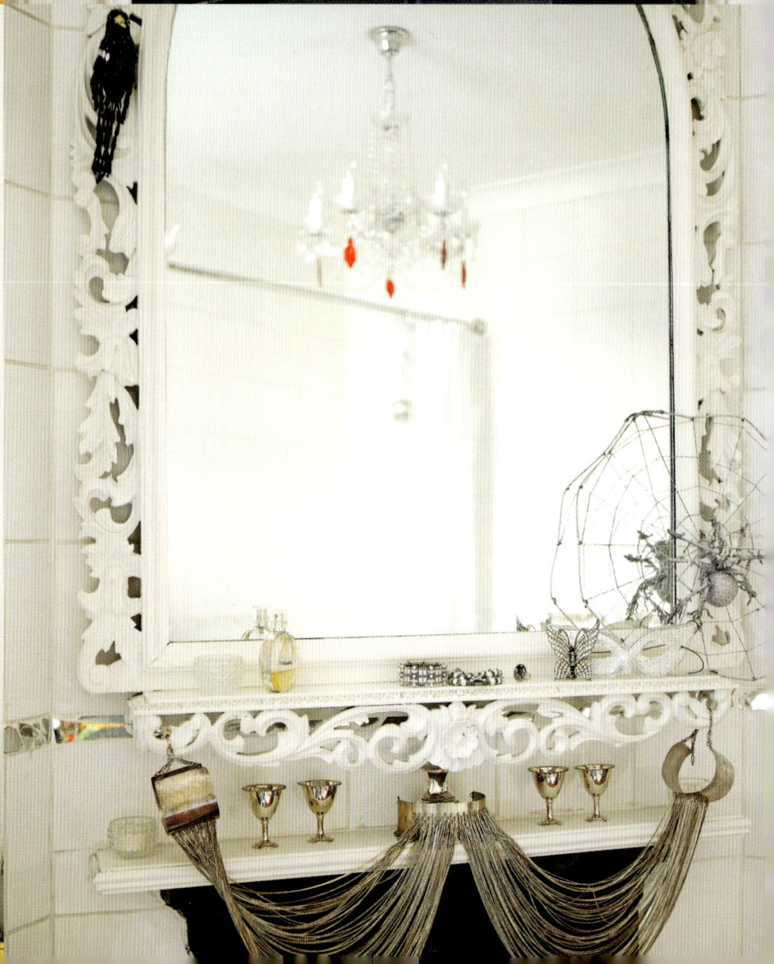

LINKS *Religieuze afbeeldingen kunnen er streng uitzien, maar in deze slaapkamer wordt de heilige prent verzacht door kleurige, geborduurde quilts en kussens op het bed.*

BLADZIJDE 54, LINKSBOVEN
Een schilderij van een vogel heeft gezelschap van drie kleinere afbeeldingen, waardoor een ongedwongen geheel ontstaat.

BLADZIJDE 54, RECHTSBOVEN
Het speelse kunstwerk van Takashi Murakami heeft boven deze eenvoudige schoorsteenmantel een krachtige uitstraling; de tegels zien er met hun patronen uit als kleine schilderijtjes.

BLADZIJDE 54, LINKSONDER
Of je het model nu kent of niet, een portret is een boeiende aanwezigheid in elke kamer. Hier is de eigenares van het huis afgebeeld, geschilderd door haar ex-man.

BLADZIJDE 54, RECHTSONDER
Deze grote, opvallende spiegel is een echte blikvanger in een witte badkamer. Op het plankje liggen sieraden en bijzondere voorwerpen. De alledaagse badkamerproducten zijn uit het zicht opgeborgen.

volstrekt willekeurige manier. Je hoeft de objecten niet met elkaar te laten lijnen – het gaat om de algemene aanblik. Maak een indeling die jij mooi vindt. Je kunt nieuwe dingen toevoegen of dingen weghalen wanneer je maar wilt. Het plezierige van een dergelijke uitstalling is dat je geen echte blikvanger nodig hebt. Je kunt allerlei schilderijen en foto's gebruiken die jou aanspreken – een meesterwerk is niet nodig.

Wees vindingrijk. Heb je een prachtig lijstje gevonden, zoek daar dan een passende familiefoto, een ansichtkaart, een stukje behang of een lapje stof bij. Heb je daarentegen een olieverfschilderij zonder lijst op de kop getikt, hang het doek dan gewoon zo op: het ziet er net zo indrukwekkend uit. Ga ook op zoek naar koopjes. Houd je van spiegels, maar heb je geen geld voor een kostbaar 19e-eeuws Frans exemplaar, maak dan een keuze uit diverse fraaie oude spiegels, die vaak voor weinig geld te koop zijn. Neem een kijkje op Marktplaats, eBay of Speurders.nl of bezoek een vlooienmarkt: je komt gegarandeerd spiegels naar jouw smaak tegen. Ze ogen schitterend in groepen

DEZE BLADZIJDE *Deze kanariegele jurk, gemaakt door de modeontwerpster die in dit huis woont, is een bijzondere muurdecoratie. Samen met de bijpassende bank en bonte kussens vormt het geheel een opvallende aanblik.*

BLADZIJDE 57, LINKS *Een spiegel boven een schoorsteenmantel is heel gewoon, maar hier heeft de eigenaar voor een ongebruikelijke, grappige vorm gekozen. Afbeeldingen uit de jaren zeventig, een spaarpotje in de vorm van een hert en een aparte vaas voegen extra kleur en humor toe.*

BLADZIJDE 57, RECHTS *De heldere kleuren aan de muur komen terug in de bloemen op de voorgrond.*

aan de muur of op de schoorsteenmantel of een plank. Het opknappen van oude lijsten is de moeite waard. Gebruik een mild afwasmiddel, opgelost in warm water, en een zachte kwast en katoenen doek om stof en vuil te verwijderen. Je kunt een lijst overspuiten met goud- of zilververf; ook kun je hem opfrissen met een laagje matte of zijdeglansverf. Vuile glazen platen en spiegels krijgen snel hun glans terug met wat ruitenreiniger, een zachte droge doek en flink wat poetswerk.

Als je voor de bazaarstijl kiest, hoef je niet de gebaande paden te bewandelen. Wie zegt dat schilderijen en foto's aan de muur moeten hangen? Je kunt ze er ook tegenaan zetten – op de vloer, op een kast of op een plank. Combineer ze met andere mooie voorwerpen of geef een lijst iets extra's door er kralen- of lichtkettingen omheen te hangen. Je kunt ook uitnodigingen en ansichtkaarten tussen de lijst en het glas steken.

Onthoud ten slotte dat niet alleen schilderijen, foto's en spiegels geschikt zijn als muurdecoratie: gebruik gerust vintage jurken, blouses of rokken. Plak droogbloemen op. Prik een kleurig patchworkkleed tegen de muur. Of laat de Jackson Pollock in jezelf los en maak je eigen muurschildering.

SIERVOORWERPEN *in* BEELD

Siervoorwerpen vormen het hart van de bazaarstijl, die hiermee haaks op het minimalisme van de jaren tachtig en negentig staat, toen alles achter gladde kastdeuren werd verborgen. De bazaarstijl benadrukt de schoonheid van de dingen die we in de loop van ons leven verzamelen – van erfstukken tot aankopen op vlooienmarkten, vakantiesouvenirs en verjaardagsgeschenken. Ze kunnen zo worden neergezet dat ze een prettige aanblik vormen.

DEZE BLADZIJDE *Deze prachtige drankenkast op elegante poten bevat een aantal flessen wodka en allerhande siervoorwerpen: van namaakrozen tot halskettingen en van kristallen karaffen tot mooie glazen. Deze etalage vol interessante en waardevolle objecten is altijd zichtbaar – de deuren gaan nooit dicht.*

BLADZIJDE 58 *Een vensterbank boordevol voorwerpen – sommige kitscherig (een baby van porselein) en sommige traditioneel (de fotolijstjes). Dekens en lappen stof liggen uitgestald over het ligbed ervoor. De muren zijn leeg gehouden om te voorkomen dat de aanblik van de kamer te druk wordt.*

DEZE BLADZIJDE *Een oude paspop of buste is het perfecte object om halskettingen, armbanden en slingers omheen te hangen. In de bazaarstijl laat je dingen op een creatieve manier zien in plaats van ze weg te bergen.*

BLADZIJDE 61, LINKS *De combinatie van dit elegante porseleinen servies en de glinsterende sieraden is mooi maar ook praktisch: de theepot en het kopje worden gebruikt om ringen, broches en kettingen aan op te hangen.*

BLADZIJDE 61, RECHTS *Deze jurken zijn te mooi om achter kastdeuren te verstoppen. En op deze manier voegen ze glamour en kleur toe aan de slaapkamer. De spiegel en het ladekastje komen uit een kringloopwinkel en zijn in pasteltinten geverfd.*

De keuze aan siervoorwerpen is enorm: van theeblikjes tot wijnkannen van aardewerk, van gekleurde tuimelglazen tot bijouterie en van fotolijstjes tot kandelaars.... Van alle spullen die je voor een bazaarinrichting nodig hebt, zijn siervoorwerpen het gemakkelijkst te vinden: ze zijn leuk, vaak niet duur en in heerlijke overvloed verkrijgbaar. Op elke vlooienmarkt, bazaar en braderie – en in elke winkel met woonaccessoires – kom je ze tegen. En hoewel je misschien naar iets speciaals op zoek bent, kan het net zo goed zijn dat je tegen iets aanloopt dat je om diverse redenen ook de moeite waard vindt: nostalgie, uitstraling, kleur of textuur. Vertrouw op je intuïtie. Als je valt op een ijsemmer uit de jaren zestig in de vorm van een ananas, neem hem dan mee; je vindt er wel een plaatsje voor. Een voorwerp kiezen dat jou aanspreekt, is essentieel.

Je kunt er natuurlijk jarenlang plezier van hebben, maar siervoorwerpen hebben ook onmiddellijk effect. Naar meubels kun je soms lang op zoek zijn en ze moeten vaak nog gerepareerd worden voor je ze kunt gebruiken. Gordijnen moeten op maat worden gemaakt en behang moet worden opgehangen. Maar siervoorwerpen kun je meteen een plekje geven. Combineer ze met vergelijkbare objecten of etaleer ze vrijstaand. Hoe dan ook: je hebt er weinig werk en veel plezier van – je hoeft er alleen maar naar te kijken.

Voorwerpen zijn er niet altijd alleen maar voor de sier. Ze kunnen ook hun nut hebben. In de keuken kunnen allerlei voorraadpotten, flessen en koektrommels er in groepen gerangschikt prachtig uitzien; je vindt ze overal – op markten en in brocantes. Spullen met een praktische functie, van eierdopjes

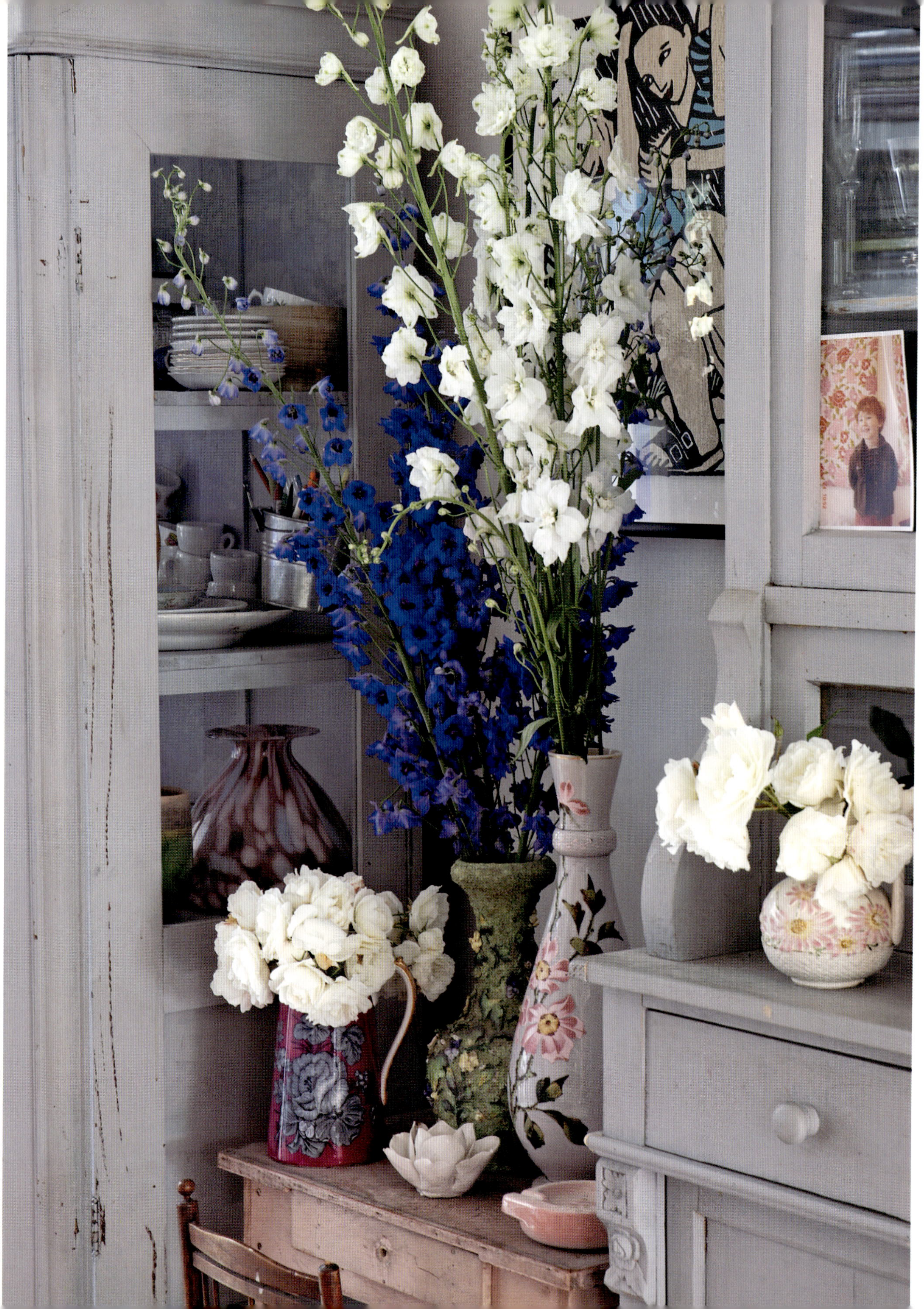

tot theepotten, blikken en uitsteekvormen, kunnen beslist decoratief zijn, dus stal je ze gewoon uit op planken als je ze niet gebruikt. Oude voorwerpen uit laboratoria, warenhuizen, scholen en ziekenhuizen vinden in de loop der jaren hun weg naar tweedehandswinkels. Je vindt er dus misschien wel apothekersflessen, weegschalen, gewichtjes, globes, klokken en kassa's. Die kunnen allemaal in jouw inrichting passen, afzonderlijk of samen met andere favoriete voorwerpen.

Houd de bazaarstijl ook in het achterhoofd als je in het buitenland bent. De kwaliteit van spullen in andere landen kan heel goed zijn; in Europese landen vind je wellicht moderne objecten die een mooie aanvulling vormen op een groep gevonden voorwerpen. Maar ook etnische artefacten of

LINKSBOVEN *Een globaal thema kan helpen om visuele samenhang te scheppen. Hier vangen glazen en kandelaars het licht boven op een kast.*

RECHTSBOVEN *Deze decoratieve Indiase kaarsenhouders in een nis hebben geen kaarsen nodig om te stralen. Het kralengordijn erachter geeft een sprankelend effect en maakt het geheel af.*

BLADZIJDE 62 *Zet in een hoek van de kamer verse bloemen in een aantal bontgekleurde vazen van verschillende hoogte neer: echte blikvangers. Hier voegen de bloemen kleur toe aan de lilagrijs geverfde kast en muren.*

ambachtelijk gemaakte objecten passen prima bij eerder verzamelde prullaria, dus bezoek de markten, bazaars en zelfs ijzerwinkels in landen als Turkije en India, en ga op zoek naar mooie, goed gemaakte spullen, van geweven manden en metalen lunchtrommels tot kleurige theeglazen en borden. Wees creatief bij het uitstallen van je voorwerpen: probeer verschillende opstellingen uit tot je tevreden bent. Een van de leuke dingen van de bazaarstijl is dat je ongewone voorwerpen een centrale plek kunt geven. Combineer ook eens iets conventioneels met iets bijzonders of plaats eenvoud naast overdaad. Thema's kunnen helpen: glazen potten en vazen, metalen blikken en trommels, zwart-wit: de opties zijn eindeloos. Maak je thema beperkt (alleen gebloemde theekopjes) of veelomvattend (al het mogelijke zilverwerk): wat je benadering ook is, deze methode is nuttig om enige ordening en harmonie in je verzameling aan te brengen.

Een uitbreiding van de thematische benadering is het weloverwogen creëren van een collectie: zoek bijvoorbeeld naar keramiek van een bepaalde pottenbakkerij of uit een bepaalde periode – of verzamel specifieke voorwerpen, zoals zout- en pepervaatjes of koperen kandelaars. Bijkomend voordeel is dat het spannender wordt om naar een vlooienmarkt of winkel te gaan: het voelt fantastisch als je iets vindt om toe te voegen aan je verzameling. Op deze manier kun je gericht zoeken in de zee van objecten die je tegenkomt.

Het is erg leuk om verzamelingen aan te leggen of thematisch te werk te gaan, maar het is vooral de flexibiliteit van voorwerpen die zo aantrekkelijk is. Heb je eenmaal een verzameling uitgestald, dan kun je nog steeds zoeken naar aanvullingen en kun je objecten naar wens onderling verplaatsen. Berg ze gedeeltelijk eens een paar maanden op in de kast en geniet er opnieuw van als je ze weer tevoorschijn haalt. Je hoeft geen nieuwe stoel te kopen of de muren te verven: met het opnieuw inrichten van je verzamelobjecten geef je elke kamer een facelift – en het kost je niets.

Om je voorwerpen te kunnen etaleren heb je planken, vitrinekasten en lage kasten nodig. Fraaie wandtafels bieden ruimte voor kleine arrangementen. Kijk ook uit naar ongewone stukken die geschikt zijn om voorwerpen op uit te stallen. Gebruik bijvoorbeeld een paspop om je favoriete kettingen of een vintage jurk tentoon te stellen; of bewaar een collectie kleurige deurknoppen of stenen in een grote schaal.

Denk na over elk vertrek in je huis. Geen ruimte is te klein om voorwerpen in tentoon te stellen. Een vergeten hoekje kan zelfs weer tot bloei komen met wat fraaie spulletjes. Als je onverwacht een mooi object ziet in een verborgen hoekje,

LINKSBOVEN Zwart, wit en grijs zijn de overheersende kleuren van de kast en de voorwerpen die erop staan uitgestald. Zo ontstaat een aangename aanblik.

RECHTSBOVEN *Verf planken in dezelfde kleur als de muur om voorwerpen nog beter te doen uitkomen of ze juist bijna te laten verdwijnen, zoals de stukken op de onderste plank.*

BLADZIJDE 64, LINKS *Fotolijstjes en – zoals hier – de glazen deurtjes van een buffetkast zijn geschikte plekken voor foto's en ansichtkaarten.*

BLADZIJDE 64, RECHTS *Deze sieraden zijn te mooi om op te bergen; hier zijn ze over de rand van de spiegel van een toilettafel gedrapeerd.*

LINKSBOVEN *Een collectie zout- en pepervaatjes en spaarpotten in afgeronde, eigentijdse open kastjes geeft nog meer kleur aan deze oranjegeverfde keuken. De eigenares kocht ze in tweedehandswinkels en op markten en braderieën.*

RECHTSBOVEN *Een verzameling vazen in een keurige rij op de schoorsteenmantel. Drie ervan zijn naar voren gekanteld voor de nodige visuele afwisseling. De kleuren van de vazen komen terug in het warme zonlicht van het schilderij dat erboven hangt – een mooi rustig geheel.*

beleef je er extra veel plezier aan. Zo staan glazen houders van theelichtjes mooi bij het raam, en op een schoorsteenmantel kun je een hele rij vaasjes neerzetten.

Wat voor indeling je ook maakt, voeg in elk geval voldoende humor toe. De bazaarstijl is niet al te serieus en draait vooral om een plezierige inrichting. Met voorwerpen breng je gemakkelijk wat frivoliteit in je huis. Net iets te barokke stukken, felle kleuren of zeer gedateerde dingen kunnen hartveroverend zijn, terwijl een eigenzinnige combinatie een niet zo heel bijzonder stuk toch een grappige uitstraling kan geven. Een oude stenen buste krijgt een vrolijke aanblik als je hem tooit met een vilthoed; een kitscherig beeldje ziet er beter uit met armbanden eromheen of met een verenhoed. Niet iedereen zal de humor ervan inzien, maar dat mag de pret niet drukken!

BOVEN De plaatsing van deze knielende engel – die op zich nogal plechtig oogt – boven een plank met kleurrijke geweven manden en tassen maakt het geheel lichter en warmer.

LINKS Schoorsteenmantels zijn ideale plaatsen om voorwerpen op uit te stallen. Beeldjes, bustes, kandelaars, reuzenletters – ze zien er prachtig uit en je kunt ze gemakkelijk verwisselen. Een tafel met zoete lekkernijen in glazen poten en op schalen completeert de ongedwongen sfeer van deze eetkamer.

DEZE BLADZIJDE *De smalle nis in dit Marokkaanse huis is heel geschikt voor het etaleren van opvallende blikvangers. Een collectie kleurrijke Indiase siervoorwerpen geeft een exotisch tintje aan deze eenvoudig ingerichte eetkamer.*

BLADZIJDE 69, LINKSBOVEN *De vorm en de kleuren van deze theepot en melkkan zijn kenmerkend voor de jaren zeventig.*

BLADZIJDE 69, RECHTSBOVEN *Gekleurde glazen en kommen staan prachtig op glasplaten; hier zie je hoe alledaagse voorwerpen uitgestald kunnen worden — een van de principes van de bazaarstijl.*

BLADZIJDE 69, LINKSONDER *Zelfs gewone mokken of simpele glazen zien er naast elkaar op een plank fantastisch uit.*

BLADZIJDE 69, RECHTSONDER *Blikken trommels met afbeeldingen van vogels zien er mooi uit, maar hebben ook een praktische functie: er worden keukenbenodigdheden en ingrediënten in bewaard.*

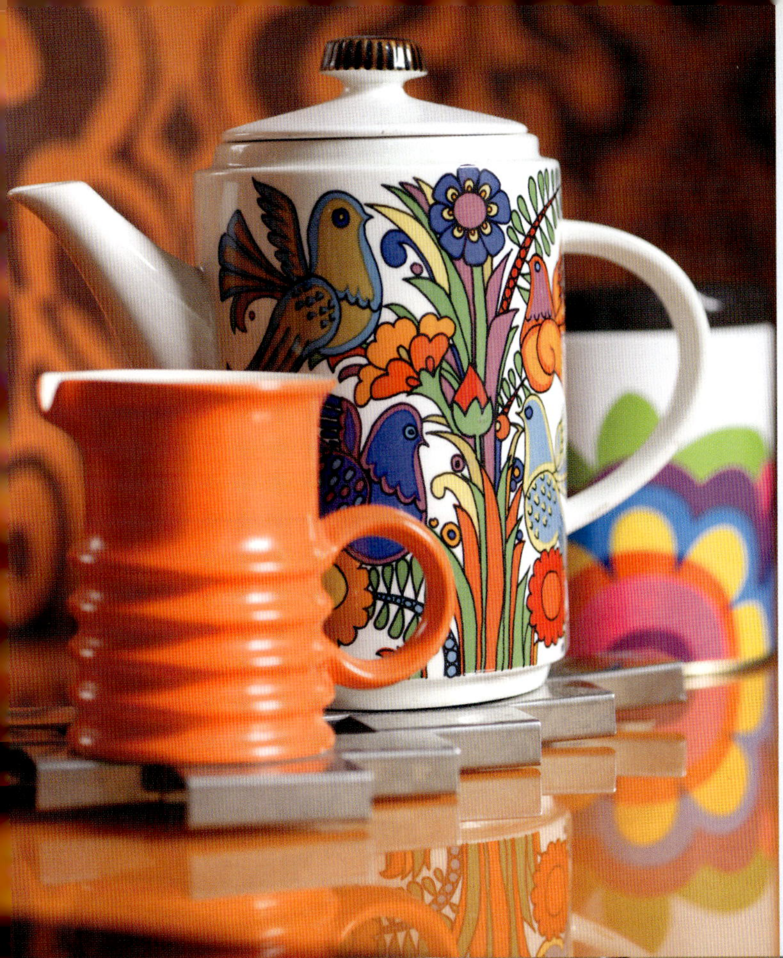
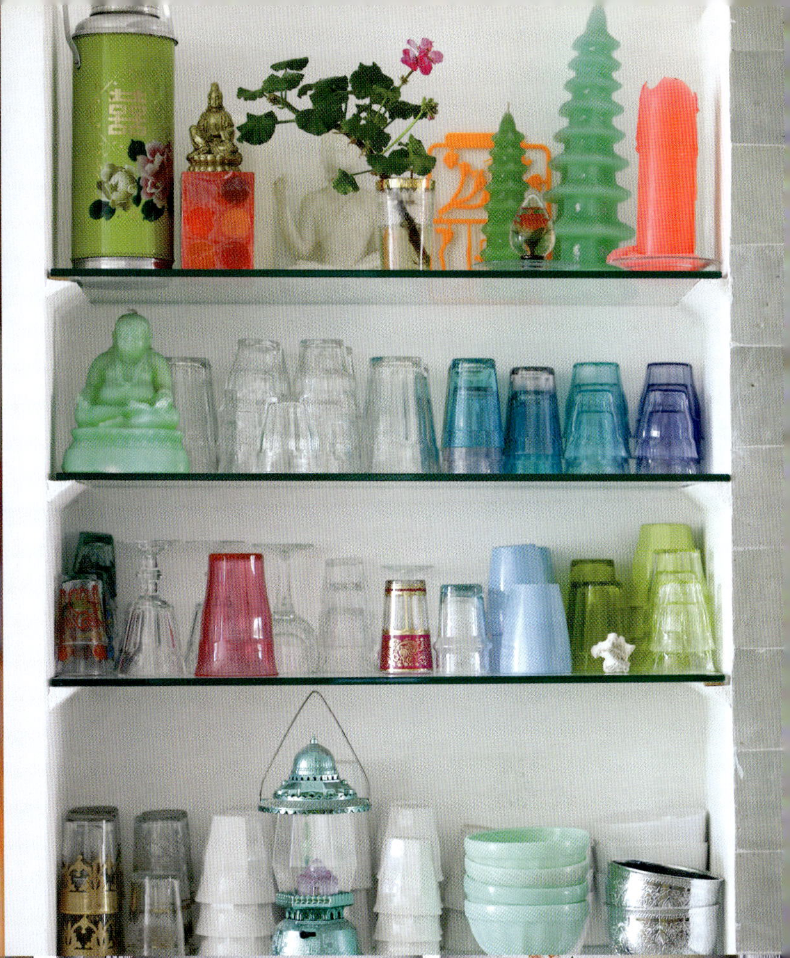
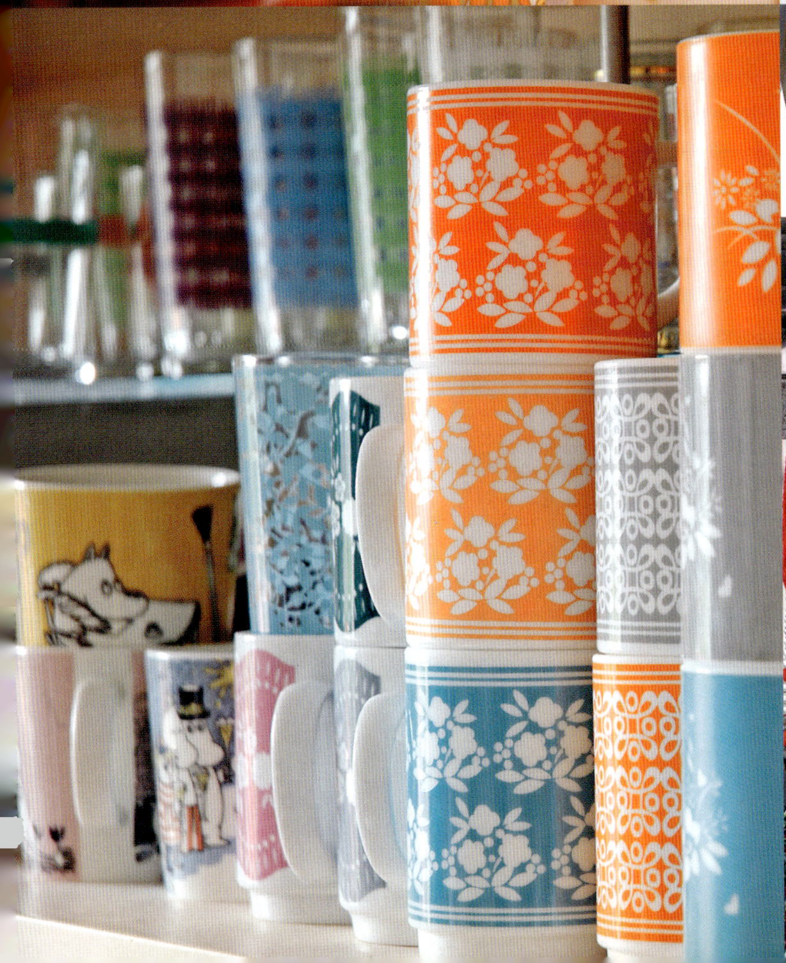
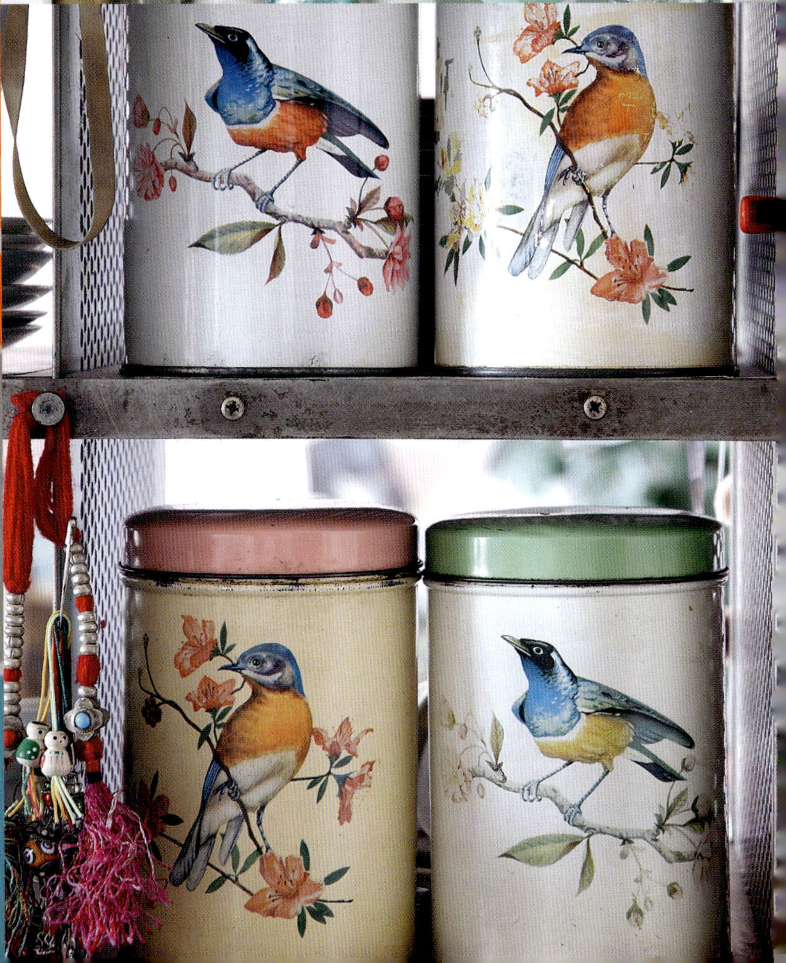

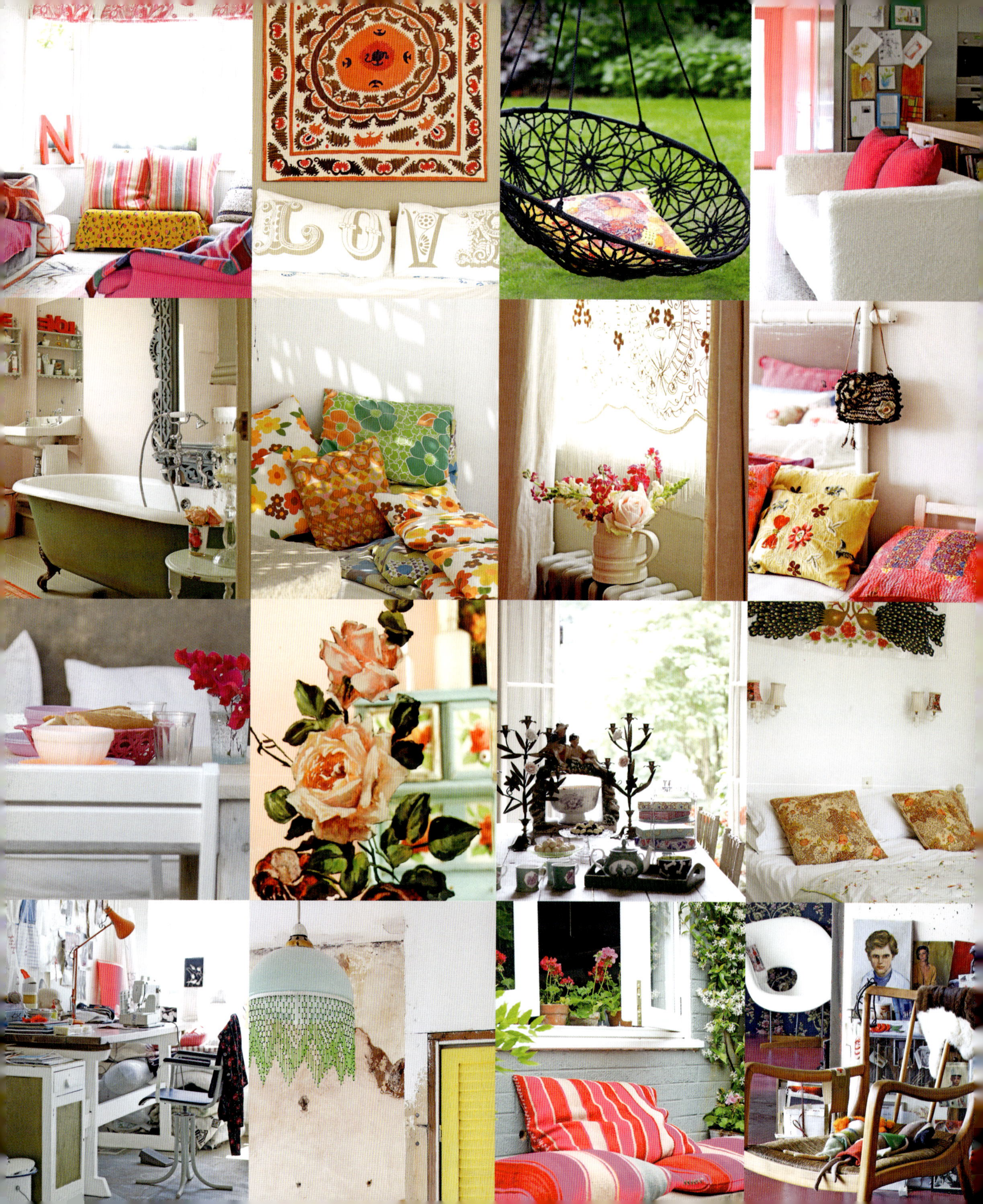

kamers

DEZE BLADZIJDE *Witte muren en vloeren vormen een simpel, helder decor voor deze eethoek, waarbij de schilderijen goed uitkomen. Oude eetkamerstoelen in Franse stijl met biezen zittingen krijgen een eigentijds tintje met kleurige kussens. De tafel blijft neutraal dankzij een wit tafellaken met fijne borduursels.*

BLADZIJDE 73 *De keuken in dit Marokkaanse huis heeft een natuurlijke uitstraling, dankzij de ingebouwde gootsteen, het werkoppervlak en het open hangkastje, gemaakt van solide materiaal dat zo is bewerkt dat het over lijkt te gaan in de muur. Het kookgerei is binnen handbereik; ook is er plaats voor een paar prachtige kunstwerken.*

de KEUKEN
en EETKAMER

Koken en eten worden van oudsher beschouwd als twee afzonderlijke activiteiten. De keuken was een functionele plaats waar voedsel werd bereid, terwijl de maaltijd in de (eet)kamer werd genuttigd. Tegenwoordig hechten we veel waarde aan open ruimten en worden de beide vertrekken steeds vaker gecombineerd. Drukke gezinnen komen graag samen in één ruimte om te koken, te eten, te praten, te werken en te ontspannen.

DEZE BLADZIJDE EN BLADZIJDE 75, LINKS *Dit ruime appartement in Amsterdam heeft een grote woonkeuken waar ruimte is voor vrienden en familie. De eettafels zijn gemaakt van gerecycled hout. De groene stoelen zijn van Robin Day, die de Polo-chair ontwierp in 1975, als een variatie op zijn klassieke Polyprop-chair. De zichtbare pijpleidingen aan het plafond en de simpele eigentijdse keukenunits geven het vertrek een industrieel uiterlijk, dat wordt verzacht door de kleuren van het servies, de glazen en de manden die over de keuken verdeeld zijn. Aan één muur zijn verse bloemen bevestigd met tape – wat voor een verrassend en grappig effect zorgt.*

BLADZIJDE 75 *Zet stapels gekleurde glazen op planken voor een mooie, ongekunstelde aanblik. Groepeer bij elkaar passende kleuren voor een krachtig resultaat.*

Een woonkeuken is praktisch – je hebt alles bij de hand – én gezellig. Welke kok vindt het leuk om in een afzonderlijk vertrek bezig te zijn, terwijl zijn of haar vrienden bijkletsen in de kamer? Ook is het prettig om in de warmte, de geuren, de kleuren en de activiteit van de keuken te vertoeven. Zet er een tafel en stoelen neer, en het middelpunt van het huis is daar.

De ontspannen, ietwat rommelige sfeer van de bazaarstijl past bij deze informele manier van wonen. Borden, glazen en bestek stal je uit op planken; je vrienden hoeven niet te vragen waar ze iets kunnen vinden. Een allegaartje van bestek dat je in de loop der jaren hebt verzameld, leg je in een eenvoudig mandje op de tafel – klaar om uit te reiken aan iedereen die aanschuift. Van overgebleven lappen stof maak je mooie tafelkleden; oude linnen theedoeken kun je gebruiken als grote servetten; en comfortabele kussens verzachten harde stoelen of banken. In zo'n inrichting voelt iedereen zich op z'n gemak.

DE KEUKEN EN EETKAMER

LINKSBOVEN *Een mooi porseleinen theeservies, barok aandoende kandelaars, chocoladetruffels gerangschikt op oude glazen taartschalen – een eetkamer in bazaarstijl is mooi en gezellig tegelijk.*

RECHTSBOVEN *Hangend aan de muur of zorgvuldig geordend op een plank kunnen keukenbenodigdheden er heel fraai uitzien.*

De woonkeuken in bazaarstijl is niet duur. Je hebt geen chique eetkamerstoelen nodig, want een mix van oude stoelen of banken ziet er prachtig uit. Als je echter toch valt op moderne klassieke stoelen – de Tulip-chairs van Saarinen of de S-chairs van Panton – kun je bezuinigen op de tafel: kies voor een tweedehandsmodel dat een verfje nodig heeft of leg gewoon een plaat gewapend glas op een geschikt onderstel.

Je kunt ook kiezen voor een bonte verscheidenheid van servies. Op deze manier is het goedkoop en gemakkelijk om genoeg te verzamelen voor een groot gezelschap. Koop gewoon de spullen die je tegenkomt, waarbij je eventueel van een thema kunt uitgaan, bijvoorbeeld bloemen of geometrische patronen.

Je kunt ook voor tinten kiezen, bijvoorbeeld roomkleurig, blauw en wit. Gasten ontvangen wordt leuker als het helemaal niet erg is als er een bord sneuvelt. Je hoeft dan niet meteen op zoek naar eenzelfde exemplaar; je koopt gewoon weer wat moois als je toevallig rondneust op een vlooienmarkt of in een brocante. Ook glazen kun je in alle soorten en maten aanschaffen. Kijk ook uit naar dingen als koektrommels, koffiepotten, kannen, dienbladen, etagères en schalen. Ze zijn te vinden op markten en in tweedehandswinkels: vaak heerlijk goedkoop en karaktervol.

Als je je keuken van het begin af aan inricht, begin dan met het negeren van het algemene idee dat hij ingebouwd moet zijn. De hightechkeukens van tegenwoordig zijn vaak dure tempels

LINKSBOVEN *De koelkast in retrostijl van het merk Smeg is prima op zijn plek in deze elegante woonkeuken.*

RECHTSBOVEN *Een vloerbedekking van vinyltegels met een patroon – gekocht in een tweedehandswinkel – rustieke keukenunits, oude stoelen met tekenen van slijtage en een kleurrijke mengeling van servies geven deze keuken een uitnodigende, pretentieloze uitstraling.*

DEZE BLADZIJDE *Dit huis heeft in elkaar overlopende vertrekken, maar de aanwezige muren creëren afzonderlijke gedeelten met enige privacy. Deze muur geeft de keuken een eigen, afzonderlijke sfeer; in het aangrenzende vertrek worden gasten tijdens het eten niet afgeleid door potten, pannen en afwas op het aanrecht.*

BLADZIJDE 79 *Hoewel deze eetkamer is afgescheiden van de keuken is hij zeker niet formeel. De limoengroene deuren van de inbouwkast zorgen voor een frisse aanblik. De eigenaars zagen hoe de stoelen werden weggegooid bij een verenigingsgebouw in de buurt van hun huis in West-Londen. Ze kregen toestemming ze mee te nemen en lieten ze opnieuw bekleden.*

van efficiëntie en hygiëne, boordevol apparaten en gadgets, maar zonder persoonlijkheid. De keuken is vaak de enige ruimte in huis die we niet creatief inrichten. Hier geven we de voorkeur aan strakke lijnen, gladde units en harde materialen als roestvrij staal boven de kleurrijkere en lossere stijl die we voor andere kamers kiezen. Moderne keukens kunnen handenvol geld kosten en zijn soms meer statussymbool dan een ontspannen plaats om te koken en eten. Maar het kan ook anders. De bazaar-stijl gaat uit van een minder ontworpen, meer organische benadering. Waarom zou je niet voor mooie oudere meubels kiezen? Kledingkasten, vitrinekasten en dressoirs kunnen het leeuwendeel van je kookgerei en servies herbergen – en in een grote woonkeuken kun je een grote tafel als werkoppervlak gebruiken; dure werkbladen zijn niet altijd nodig.

Als je het een stap te ver vindt gaan om oud meubilair te gebruiken dat niet voor de keuken bedoeld is, kun je kiezen voor tweedehands keukenunits of -meubels. Je kunt bij het grofvuil informeren of je units van hun lot mag redden; ook kun je in de

DE KEUKEN EN EETKAMER

DEZE BLADZIJDE *Deze eetkamer ligt naast de keuken van dit Marokkaanse huis. Een klassieke Tulip-tafel van Saarinen wordt omgeven door retro-stoelen met een ietwat versleten uiterlijk, waardoor een ontspannen moderne sfeer ontstaat. De lampenkap is gemaakt van schijfjes parelmoer.*
BLADZIJDE 81, LINKSBOVEN *Een behangen muur bedekken met perspex is een eenvoudige manier om een stijlvolle moderne keuken een bazaarlook te geven en tegelijk een praktische, gemakkelijk schoon te maken spatplaat te creëren.*
BLADZIJDE 81, RECHTSBOVEN *Het effect van de donkere houten panelen van deze eetkamer wordt versterkt door de oranje tinten en retromeubels. De glasplaat van de tafel, de kuipstoelen en de sculpturale kandelaars zijn allemaal retroklassiekers.*

lokale krant of op het internet kijken wat er te koop is. Misschien wil je alleen maar een paar losse stukken aanschaffen om andere vrijstaande units aan te vullen – dat is vaak wel mogelijk. Als je geluk hebt, loop je tegen vintage exemplaren aan. Keukenkasten uit de jaren vijftig zijn zeer gewild en stijlvol, en ook kledingkasten uit de jaren veertig en vijftig duiken wel eens op, compleet met schuifdeuren en melamine-afwerking. Wees vindingrijk. Vind je de unit mooi maar de afwerking niet, dan kun je hem verven. Er is speciale verf verkrijgbaar in diverse kleuren. Ook kun je de voorkant beplakken met behang voor een informele make-over.

Keukens in bazaarstijl hebben vaak zowel ingebouwde units als vrijstaande stukken, die beide zo hun voordelen hebben. Je zou aan één muur kunnen kiezen voor vaste units en een eigentijdse gootsteen; de rest van de opbergruimte zou je dan op vlooienmarkten op de kop kunnen tikken. Je kunt ook een rij open units van bakstenen of beton installeren; daarin zet je dan manden met levensmiddelen en keukengerei. Als je handig

DEZE BLADZIJDE *Deze enorme gootsteen stond bij het grofvuil.*

BLADZIJDE 83 *Designklassiekers als Eero Saarinens Tulip-chairs en -tafels, ontworpen in 1957, doen het goed in de bazaarstijl. Gecombineerd met oudere meubelstukken, zoals de consoletafel en een gevarieerde collectie vazen, potten en lampen, worden hun moderne, strakke lijnen verzacht – maar ze blijven een verfrissend contrast vormen met het weelderige houtsnijwerk van hun kamergenoten. De enorme spiegel is een oud Venetiaans stuk, dat de vorige eigenaars van dit huis kochten in New York. Toen ze hun huis verkochten, vonden ze dat de spiegel te zwaar en kwetsbaar was om mee te nemen; ze lieten hem achter voor de nieuwe bewoners – die toevallig vrienden van hen waren.*

bent met een hamer, of iemand kent die dat is, timmer je je eigen units van kringloophout in elkaar voor een rustieke aanblik. Je hoeft er niet per se deurtjes voor te plaatsen; een gordijntje ervoor staat ook leuk. Dat is ook geschikt om de grote apparaten als de wasmachine achter te verbergen. Je kunt er ook voor kiezen om goedkope basisunits te kopen bij een doe-het-zelfzaak en een timmerman vragen of hij er deurtjes naar jouw smaak voor wil maken. Wat je ook doet, wees creatief en laat niet door één leverancier uitsluitend uniforme ingebouwde units plaatsen. Een mix van oud, nieuw en tweedehands geeft een ruimte veel meer karakter en als je een goede indeling maakt, is je keuken ook nog eens heel functioneel.

Je kunt je (woon)keuken annex eetkamer dus uitstekend met gerecycled meubilair inrichten, maar een modern fornuis en een eigentijdse koelkast zijn een must, behalve misschien voor de meest uithuizige en minst enthousiaste koks. Je hoeft echter niet te kiezen voor standaardwitgoed. Er zijn koelkasten in jarenvijftigstijl verkrijgbaar, waaronder de Smeg FAB-modellen, die mooi genoeg zijn om als blikvanger te dienen. Vrijstaande, eventueel extra grote fornuizen zijn ook trendy (en geliefd bij koks). Je kunt ze vaak goed kwijt in een keuken met lastige hoeken en afmetingen. Ze staan bijvoorbeeld fraai in een schoorsteenmantel, waar ze een nieuwerwetse versie van de oude open haard vormen.

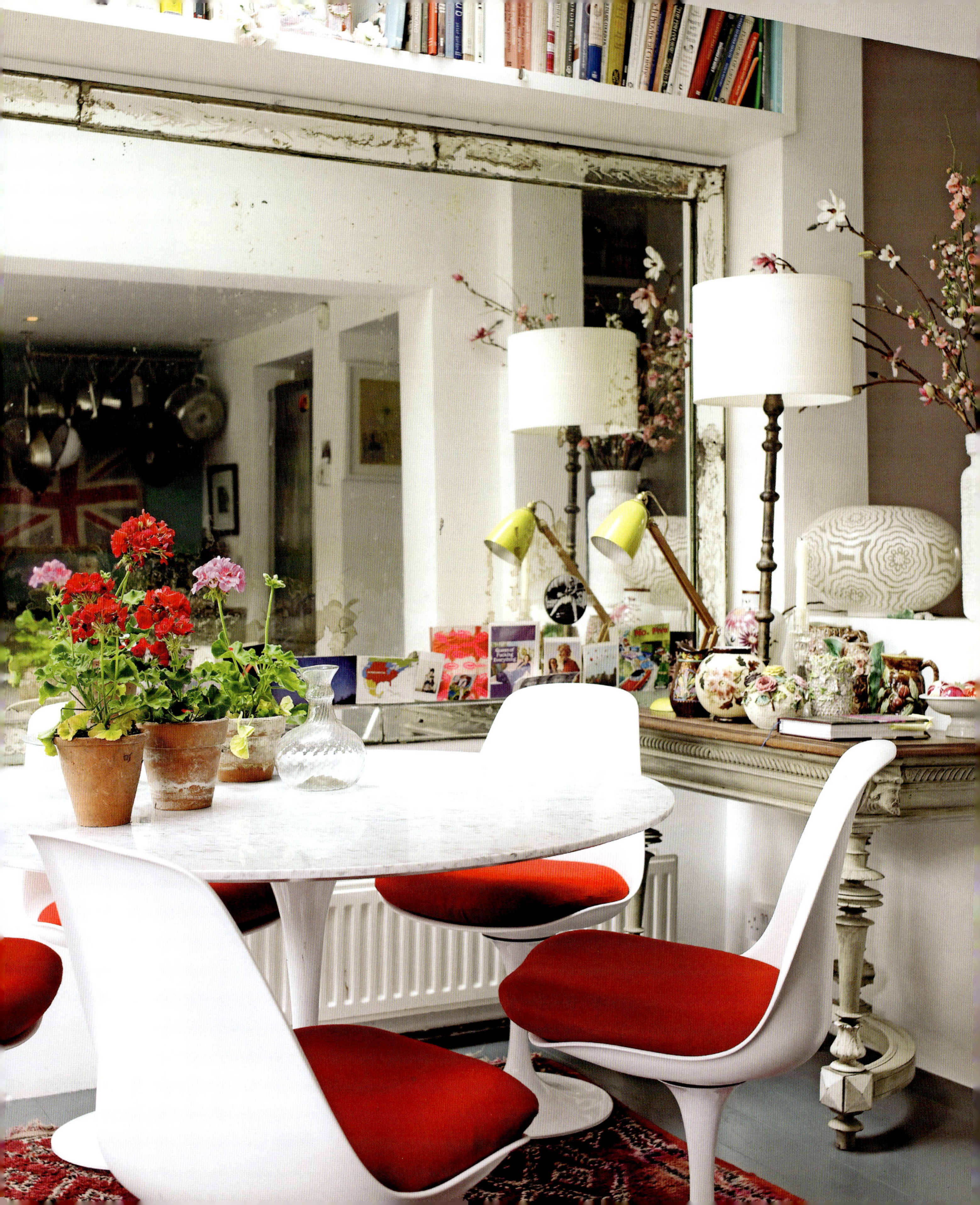

Voor al je keukenbenodigdheden kun je ook weer terecht bij vlooienmarkten en tweedehandswinkels. Grote oude gootstenen worden nog wel eens van de hand gedaan en kosten minder dan hun moderne tegenhangers. Ze hebben misschien geen onberispelijk wit oppervlak, maar craquelures (kleine barstjes) voegen karakter toe. Er is geen verschil tussen een oude en een nieuwe gootsteen als het gaat om de installatie en de afvoer. Hoewel ze zeer sterk zijn, kan er een scherfje af komen als er vanuit een verkeerde hoek iets hards tegenaan wordt geslagen, zoals een zware pan. Laat je echter niet afschrikken door een beetje schade. In goed gesorteerde doe-het-zelfzaken zijn speciale reparatiesets verkrijgbaar.

Ook verlichting is in de keuken essentieel. Een mix van modern en tweedehands kan prima werken. Taakverlichting is van wezenlijk belang. Het snijden van vlees en het hakken van groenten zijn riskante activiteiten in een slecht verlichte ruimte; bovendien is het bij het afwassen en koken frustrerend als je niet goed ziet wat je doet. Moderne spotjes onder keukenunits of aan het plafond zijn heel handig, vooral als je ze kunt richten op wat je aan het doen bent. De halogeenlampen in spotjes geven helder licht dat niet zo warm en geel is als dat van traditionele gloeilampen. Helder, wit licht is ideaal om bij te werken.

Als de taakverlichting is geplaatst, kun je in de woonkeuken sfeerverlichting toevoegen voor maaltijden en gezellig samenzijn. Een rij hanglampen boven een lange tafel is een mooie blikvanger. Kleine lampen op de tafel of op planken geven zacht licht. Denk ook aan kaarsen. Het is verbazingwekkend hoe een tafel vol met kranten en sleutels getransformeerd kan worden tot een aantrekkelijke plek voor een ontspannen maaltijd met behulp van kaarsen en theelichtjes – je hoeft alleen maar de ergste troep even op te ruimen.

DEZE BLADZIJDE *Deze binnenplaats in Marokko, ingericht als eetkamer, oogt sereen en elegant dankzij een rustig kleurenschema van wit en roze. De robuuste witgeverfde tafel wordt geflankeerd door witte kussens op een ingebouwde bank en houten stoelen: een fris decor voor een mix van roze plastic borden en kommen en simpele glazen, die afkomstig zijn van een lokale markt.*

BLADZIJDE 84, LINKS *Een prachtig suikerpotje met deksel. Dergelijk plastic serviesgoed is goedkoop en op alle Marokkaanse markten verkrijgbaar.*

BLADZIJDE 84, RECHTS *Deze roze thermosfles is zowel praktisch als mooi. De verse bloemen maken het geheel af.*

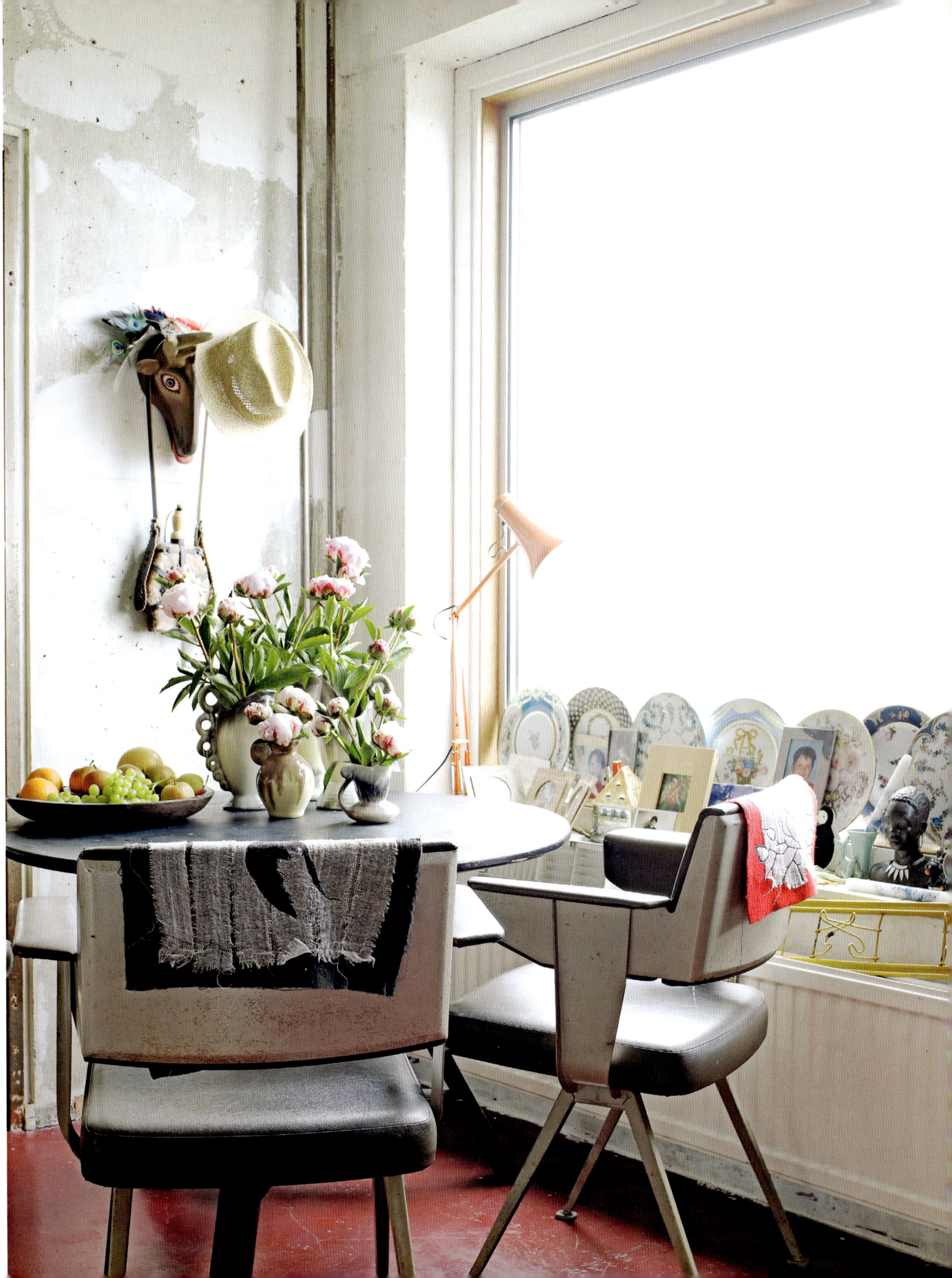

Een eigentijdse keuken kun je op veel manieren een bazaarlook geven. Etaleer al je pannen en servies om van hun kleuren en vormen te kunnen genieten. Bevestig planken of laat deurtjes met glas erin plaatsen, zodat je de inhoud van de keukenkastjes kunt zien. Hang steelpannen aan haken. Voeg schilderijtjes, foto's of bont behang toe. Creëer een kleurrijke achtergrond achter je aanrecht met tweedehandstegels of met behang achter perspex of glas. Je zult het zien: met een beetje fantasie krijgen zelfs de modernste units en werkbladen karakter.

DEZE BLADZIJDE *Oude keukenunits en saaie witte koelkasten fleuren helemaal op als je er behang op plakt. Hoewel het patroon er enigszins gedateerd uitziet, is het niet lang geleden gekocht.*

BLADZIJDE 86 *De diepe vensterbank in deze flat biedt plaats aan een serie borden en andere voorwerpen. Op de tafel staan bijzondere vazen en aan de kale muur hangt een grappige combinatie van een gestileerde koeienkop, rieten hoed, veren en een tas.*

DEZE BLADZIJDE *Kleurrijke kunstwerken, zachte kussens in levendige tinten, allerlei stoffen en kleden in lagen op gerieflijke banken: deze woonkamer combineert comfort, stijl en individualiteit.*

BLADZIJDE 89 *Witte vloerplanken en muren maken een eenheid van deze woonkamer die overloopt in de eetkamer. De open ruimte krijgt nog meer samenhang door patronen, stoffen en kleuren die niet per se bij elkaar passen, maar wel allemaal fleurig zijn en waarbij dezelfde tinten – roze, rood en oranje – overheersen.*

de WOONKAMER

Je woonkamer kan het drukke hart van je huis zijn of juist een oase van rust. De grootste kamer of een intiem, klein vertrek. Een weidse ruimte, met een open keuken en een eethoek, of echt een afzonderlijke kamer. Daarom zijn flexibiliteit en een goede indeling belangrijk, evenals een persoonlijke sfeer. Met de bazaarstijl kun je gelukkig alle kanten op.

Je woonkamer kan veel verschillende functies hebben. Je wilt er waarschijnlijk bezoek ontvangen, maar misschien ook lezen, tv-kijken, ontspannen zitten en/of werken. Als je eenmaal hebt bepaald hoe je je woonkamer wilt gebruiken, kun je gemakkelijk de kleuren, verlichting, meubels en raambekleding vaststellen die daarvoor geschikt zijn en die de bazaarstijl ademen.

Eerst zijn de muren aan de beurt; ze vormen samen het grootste oppervlak. Omdat in de bazaarstijl de nadruk ligt op het etaleren van voorwerpen, is het vaak wel zo eenvoudig en verstandig om de muren neutraal te houden. Voeg kleuren, texturen en patronen toe met je verzamelobjecten, kleden, meubels en kunstwerken. Gebroken wit is voor de muren een veilige keuze; vermijd spierwit, want dat maakt een koude, harde indruk. Er zijn honderden zachte wittinten verkrijgbaar: gebruik verschillende voor een gelaagd effect. Je kunt ook pleister- of metselwerk onbedekt laten. Als je toch kleur op de muren wilt, onthoud dan dat donkere tinten een kamer kleiner doen lijken.

Na de muren is de vloer het grootste oppervlak in de kamer. Omdat in de woonkamer veel wordt geleefd, is een slijtvaste vloer essentieel. Maar omdat je je er ook wilt ontspannen, moet de vloer prettig aanvoelen, ook aan je blote voeten. Houten vloeren voldoen aan beide eisen. Hout is mooi, praktisch en redelijk hard zonder koud aan te voelen. Als je geluk hebt en onder een oud vast tapijt vloerplanken in goede conditie aantreft, kun je ze schoonmaken met een oplossing van gelijke delen terpentijnolie, brandspiritus en azijn. Daarna kun je ze behandelen met boenwas, olie of lak. Eventuele verrotte planken kun je gemakkelijk vervangen. Zoek naar passende kringloopexemplaren of gebruik nieuwe planken en leg er een kleed overheen. Voor een gelijkmatig effect kun je de planken

DEZE BLADZIJDE *Zwarte vloerplanken hoeven een kamer helemaal niet donker te maken. Ze kunnen juist een mooie achtergrond vormen voor meubels en voorwerpen. De neutraal getinte bank en leunstoel zijn opgevrolijkt met een geborduurd kleed uit India en gestreepte kussens uit Marokko. De geverfde houten kist biedt zowel bergruimte als plaats voor een drankje of een boek. Het schilderij is van Helen O'Keefe.*

BLADZIJDE 90, LINKS *Verse bloemen voegen meteen natuurlijke kleur toe aan zelfs de kleinste ruimte.*

BLADZIJDE 90, RECHTS *Planken in een nis kunnen zoveel meer herbergen dan boeken. Foto's, verzamelobjecten en lampen vinden hier allemaal een plaatsje en vormen kleine omlijste tableaus.*

DEZE BLADZIJDE EN BLADZIJDE 93 *In deze ruime woonkamer in een huis in Amsterdam zijn de traditionele bank en stoelen achterwege gebleven. De kamer heeft een ontspannen, Noord-Afrikaanse sfeer, met lage zitgedeelten, vloerkussens en tafels, allemaal uit Marokko, waar de eigenares ook een huis heeft. De keuze voor deze inrichting heeft als bijkomend voordeel dat de kamer groter en minder rommelig lijkt; er staat geen massaal meubilair in. Het heldere groen-met-gele kleurenschema is prachtig – een grote ruimte kan felle kleuren hebben – terwijl de kale bakstenen en het pleisterwerk naast de enorme raampartij deze keurig opgeruimde kamer een aangename ruwheid geven.*

verven. Donkere kleuren maskeren vlekken en knoesten, en als de planken al redelijk glad zijn, hoef je ze niet per se te schuren – de verf zal kleine oneffenheden verdoezelen. Je kunt natuurlijk ook zelf een nieuwe houten vloer (laten) leggen.

Vaste tapijten van muur tot muur zijn al jaren niet meer populair voor druk belopen vertrekken als de gang en woonkamer. Als je toch graag een lekker zachte ondergrond wilt hebben, zijn verschillende losse kleden de beste optie. Comfortabele schapenvachten, dierenvellen, wollige karpetten en kleurige Marokkaanse kleden: er is keuze te over. Kleden zijn vaak te vinden op vlooienmarkten en bazaars. Zien ze er smoezelig uit, onthoud dan dat je ze kunt laten reinigen. Een beetje slijtage is ook niet erg; die past bij het ontspannen bazaargevoel. Je kunt ook een kleed laten snijden uit een vaste vloerbedekking naar jouw smaak. Kijk ook uit naar kleden als je op reis bent, maar wees voorzichtig als het gaat om dierenvellen: ze zijn vaak onbehandeld, zodat ze snel slijten en zelfs stinken. Koop dus alleen professioneel gelooide huiden.

Vloerkleden kunnen kunstwerken op zich zijn, maar ze hebben eveneens een praktisch doel: ze dempen het geluid van

DEZE BLADZIJDE *Fascinerend retro- en tweedehandsglas, -metaal en -perspex voeren de boventoon in deze grote woonkamer. De eigenares kocht de witte kubus in een wereldwinkel. Door de zwarte stippen ziet deze bijzettafel eruit als een dobbelsteen. De leren bank komt van een antiekmarkt en de metalen kast uit een oude Franse school.*

BLADZIJDE 95, LINKS *Dit kleine dressoir komt uit een kringloopwinkel. De zebra werd gevonden op een tweedehandsmarkt in Brighton. De eigenares verkoopt het vintage behang waarvan rollen in de vierkante bak staan.*

BLADZIJDE 95, RECHTS *Hier is zwart-witte keramiek fraai gecombineerd met ingelijste zwart-witfoto's.*

voetstappen en verzachten en verwarmen een harde vloer. Ze kunnen invloed hebben op de sfeer van een kamer. Met gestreepte tapijten kun je een kamer breder of langer laten lijken. Je kunt kleden ook gebruiken om een ruimte met verschillende functies in te delen. Een groot kleed onder een bank, salontafel en stoel kan bijvoorbeeld het zitgedeelte markeren. Als je een hoek als werkplek hebt ingericht, kun je een kleed onder het bureau leggen.

Als je een los kleed of tapijt koopt, kies je vaak sneller voor krachtige patronen en kleuren, want je kunt ermee schuiven en een kleed betekent een minder grote investering. Je kunt losse kleden zelfs oprollen en in de zomer opbergen. Of verruil

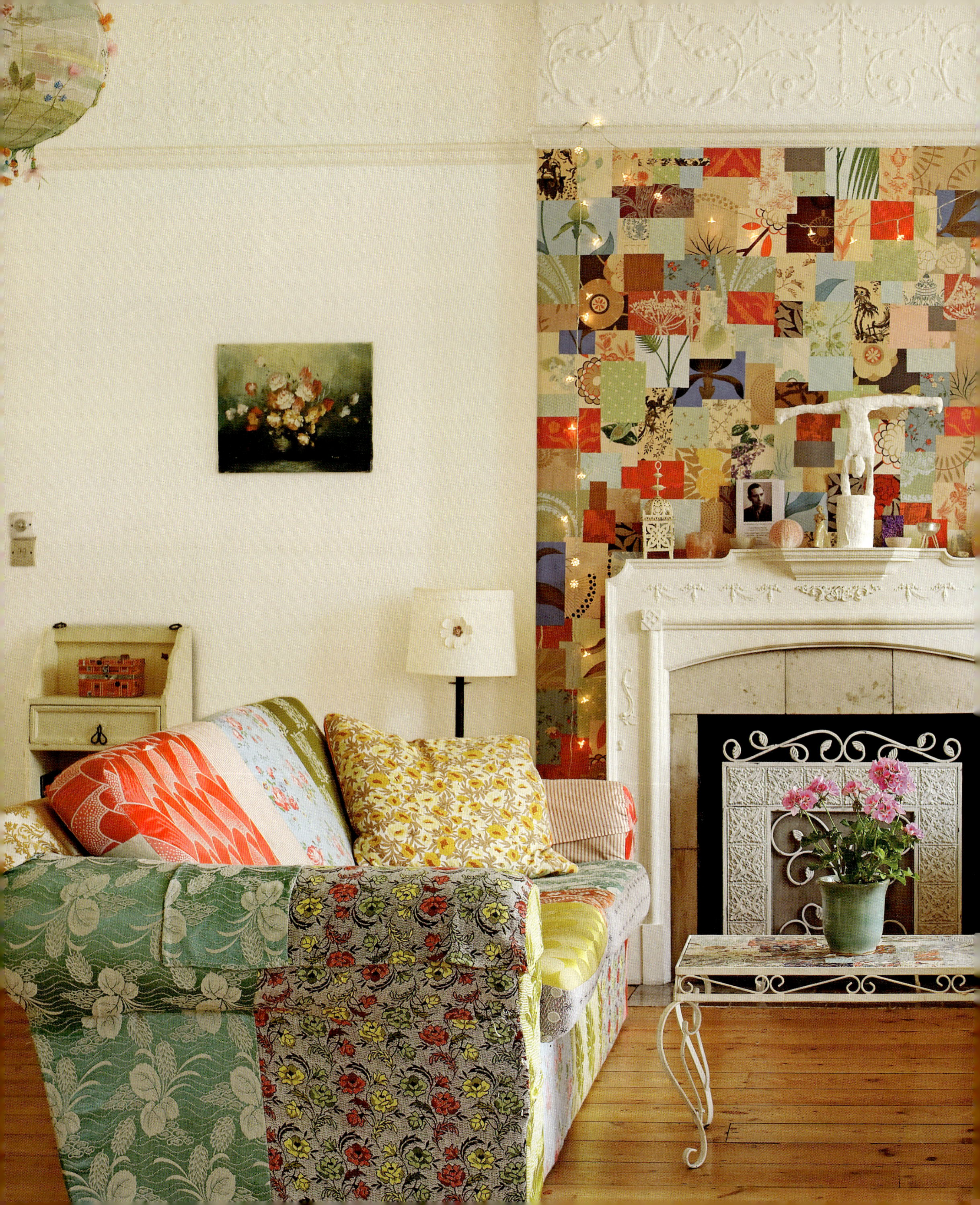

LINKS *Deze woonkamer heeft patchwork als thema. De twee banken in Chesterfield-stijl zijn opnieuw bekleed met een mix van kleurrijke stoffen in allerlei verschillende patronen – die in de loop van een aantal jaren bij elkaar werden gezocht. De eigenares kocht de meeste ervan in een tweedehandswinkel in het Engelse Bristol. Het geheel oogt chaotisch, maar als je beter kijkt, zie je dat dezelfde stoffen op dezelfde delen van beide banken zijn geplaatst. Deze patchworkmix ziet er schitterend uit; bovendien ben je op deze manier goedkoop uit als je een bank wilt bekleden. Je kunt allerlei stoffen gebruiken, van oude gordijnen tot kleine coupons van de markt of stoffenwinkel. Kijk ook eens op Marktplaats of eBay. Verder is de schoorsteenmantel hier op vergelijkbare wijze versierd, maar dan met stukjes behang. De effen muren en de houten vloer creëren een visuele basis, terwijl twee dezelfde lampen aan beide kanten van de haard voor symmetrie en balans zorgen.*

hoogpolige exemplaren voor simpele matten als het warmer wordt. Kleden met patronen zijn praktischer dan effen kleden, want je ziet er minder snel vlekken op. Grote patronen kunnen sfeerbepalend zijn, middelgrote patronen hebben een milder visueel effect en kleine patronen voegen algehele textuur toe.

Woonkamers zijn op hun best als ze een blikvanger hebben, dus bedenk voor je het meubilair plaatst waar die moet komen. Vaak staat de televisie centraal; zet een aantal meubels in dat geval zo neer dat je er comfortabel naar kunt kijken. De rest van de meubels kun je zo plaatsen dat je andere activiteiten aanmoedigt, zoals lezen. Van oudsher was het centrale punt de open haard.

Als je er geen hebt of hij is niet mooi, dan kun je wellicht een mooi oud exemplaar laten plaatsen. Alleen al de schoorsteenmantel – met daarop je favoriete siervoorwerpen – kan een prachtige blikvanger zijn. Hang er een spiegel of schilderij boven of gebruik behang of een andere kleur verf voor een opvallend effect. Heb je een werkende open haard? Des te beter. Het is heerlijk om je op een koude avond te warmen bij het haardvuur. Zet er een aantal zitmeubels dichtbij, zodat de warmte goed voelbaar is.

Het zitgedeelte is essentieel in de woonkamer. Meestal tref je er een of twee banken en een paar leunstoelen aan. Koop je een tweedehandsbank of -leunstoel, controleer dan de

DEZE BLADZIJDE *In deze woonkamer zijn enkele klassiek moderne stukken te vinden, zoals de Lansdowne-bank van Terence Woodgate (SCP), de Tribeca-salontafel van Noguchi, een ontwerp uit 1944, en het kleed van Marni (The Rug Company). De bazaarlook ontstaat door het patroon van de gordijnen, de Indiase kussens en de siervoorwerpen voor het raam. Zij maken het verschil tussen een moderne kamer en een kamer in bazaarstijl.*

BLADZIJDE 98, LINKS *Een hal is een mooie plek voor een kroonluchter. Er is vaak weinig aandacht voor de hal of gang, maar je komt er elke dag, dus is enige decoratie geen overbodige luxe.*

BLADZIJDE 98, RECHTS *Twee leunstoelen staan tegenover de rode bank (op deze bladzijde). Het Marni-kleed deelt de ruimte in en verbindt de elementen.*

stevigheid van het frame en de staat van de zitting. Het is duur om de vering van een zitting te laten herstellen. Maar als alleen de bekleding niet naar je zin is, dan is dat geen probleem: die kun je verbergen onder kleden, schapenvachten en foulards.

Klassiekers onder de bazaarstoelen zijn die van Lloyd Loom, gemaakt van gedraaid papier versterkt met staaldraad, opstapelbare stoelen met kleurige plastic zittingen, comfortabele leunstoelen met nieuwe bonte bekleding en de bescheiden eetkamerstoel in al zijn gedaanten: van een stevige rustieke stoel van (geschilderd) hout tot een gewelfd, modernistisch exemplaar met een buisframe en leren zitting. Een rij bioscoopstoelen, een lage houten (kerk)bank, krukken of een Marokkaanse leren poef: ze zijn allemaal geschikt. Heb je een kleine woonkamer, onthoud dan dat banken en leunstoelen op poten je kamer groter doen lijken, omdat je er deels onderdoor kunt kijken. Hoewel zitgelegenheid meestal uit losse meubels bestaat, kun je ook kiezen voor een ingebouwde bank: een laag platform langs een muur of in een erker, met daarop vierkante kussens.

Vergeet de ramen niet als je aan het inrichten bent. De juiste raambekleding biedt 's avonds privacy, maar houdt het natuurlijke licht overdag niet tegen. Zware gordijnen houden in de winter warmte binnen, terwijl fijne mousseline een lelijk uitzicht kan maskeren en/of enige privacy kan geven. Er komt echter wel licht doorheen. Onthoud dat direct zonlicht een felle

DEZE BLADZIJDE *De houten kastdeuren en de parketvloer geven deze kamer in Marokko een warme sfeer, in combinatie met oranje tinten op de bank, de stoel en de rozen. Een tinkelende lampenkap van schiffjes parelmoer doet het goed in combinatie met het hoge plafond – een kleinere kap kan er verloren uitzien in zo'n ruim vertrek – en voegt enige sprankeling toe aan de eenvoud van het meubilair.*

BLADZIJDE 100, LINKS EN RECHTS *Een muur van gekleurde glazen bakstenen vormt een bijzonder scheidingswandje in deze woonkamer; erachter bevindt zich de eethoek. Een helder gekleurde vaas is gevuld met veren: een fraai alternatief voor bloemen.*

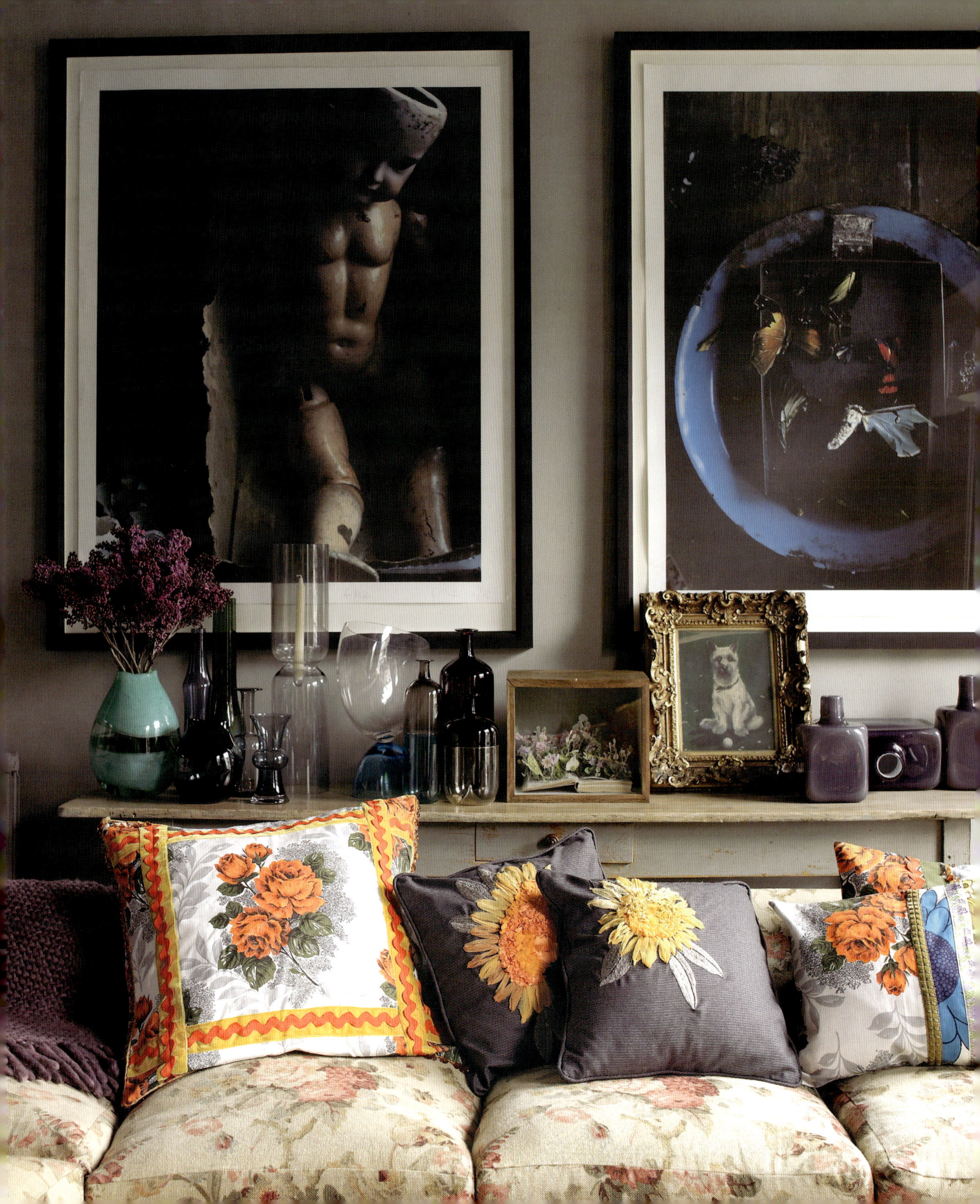

kleur kan laten verbleken in slechts een paar maanden tijd. Als je kamer op het zuiden ligt, kun je overwegen rolgordijnen op te hangen die je kunt oprollen om ze tegen de zonnestralen te beschermen; ook kun je kiezen voor gordijnen in een lichte kleur – het valt minder op als die verbleken.

Natuurlijk licht is waardevol in elke kamer. Maak er optimaal gebruik van door gordijnrails door te laten lopen aan beide kanten van het raam, zodat je de gordijnen overdag helemaal voor het raam kunt wegschuiven. Gebruik mooie zijden shawls of kleurige linten om ze opzij te binden. Schilder de kozijnen wit en houd ze leeg; zorg ook voor reflecterende oppervlakken in de buurt van het raam. Een rand van glazen kralen aan de gordijnen vangt het zonlicht en creëert een lichte sprankeling. Rolgordijnen blokkeren geen zonlicht als je ze helemaal oprolt; vouwgordijnen bedekken vaak nog wel het bovenste gedeelte van het raam.

Op vlooienmarkten kom je nog wel eens oude gordijnen tegen. Was ze in een grote wasmachine (eventueel bij de

LINKSBOVEN *Een Marokkaanse huwelijksdeken is hier gebruikt voor het bekleden van de kussenhoezen en de ingebouwde bank; zo is een exotisch effect gecreëerd. De lovertjes vangen het licht dat door het raam valt, met een sprankelend resultaat.*

RECHTSBOVEN *Je kunt betonnen vloeren verven met speciale vloerverf; er zijn diverse kleuren verkrijgbaar. Hier is fuchsiarood gebruikt. De afbeeldingen achter de elegante stoel lijken bijna achteloos te zijn bevestigd op de muur. De witte stoel op de achtergrond is La Chaise van Charles en Ray Eames.*

BLADZIJDE 102 *De gebloemde kussens en het glaswerk op de consoletafel bieden tegenwicht aan de donkere, bijna sinistere afbeeldingen erboven.*

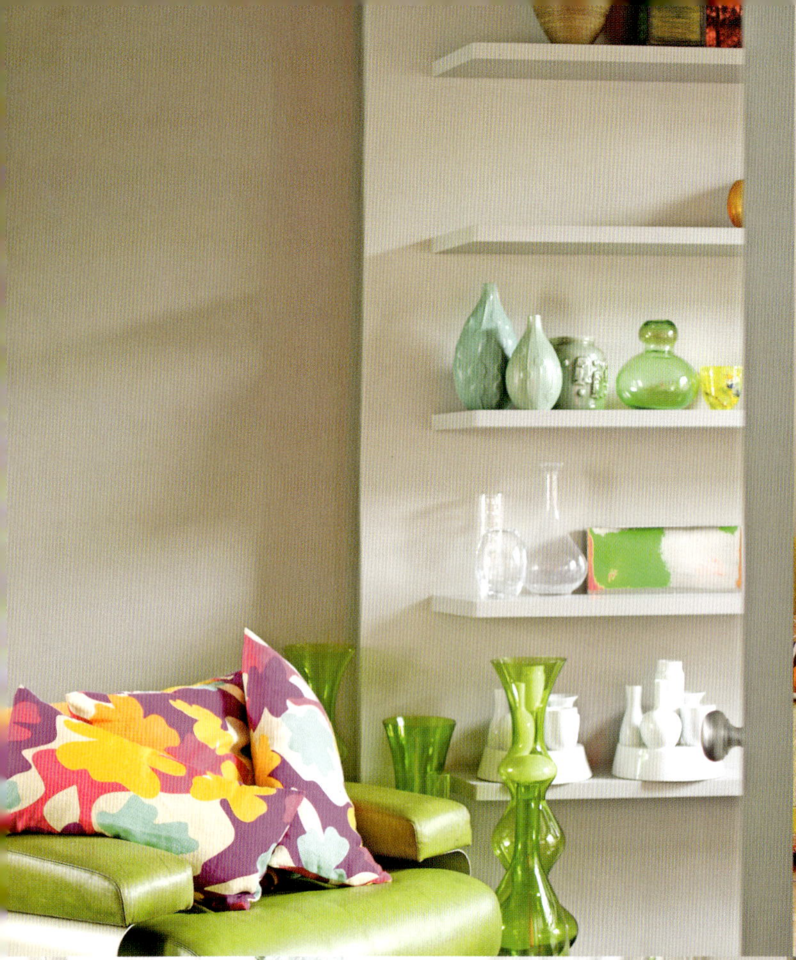

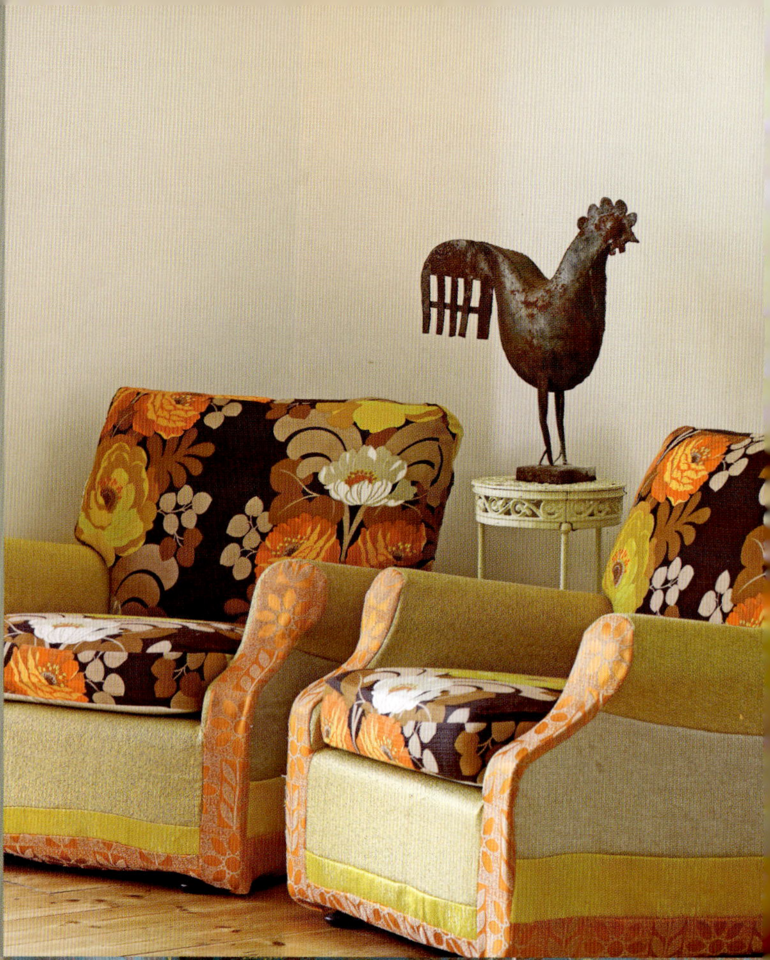

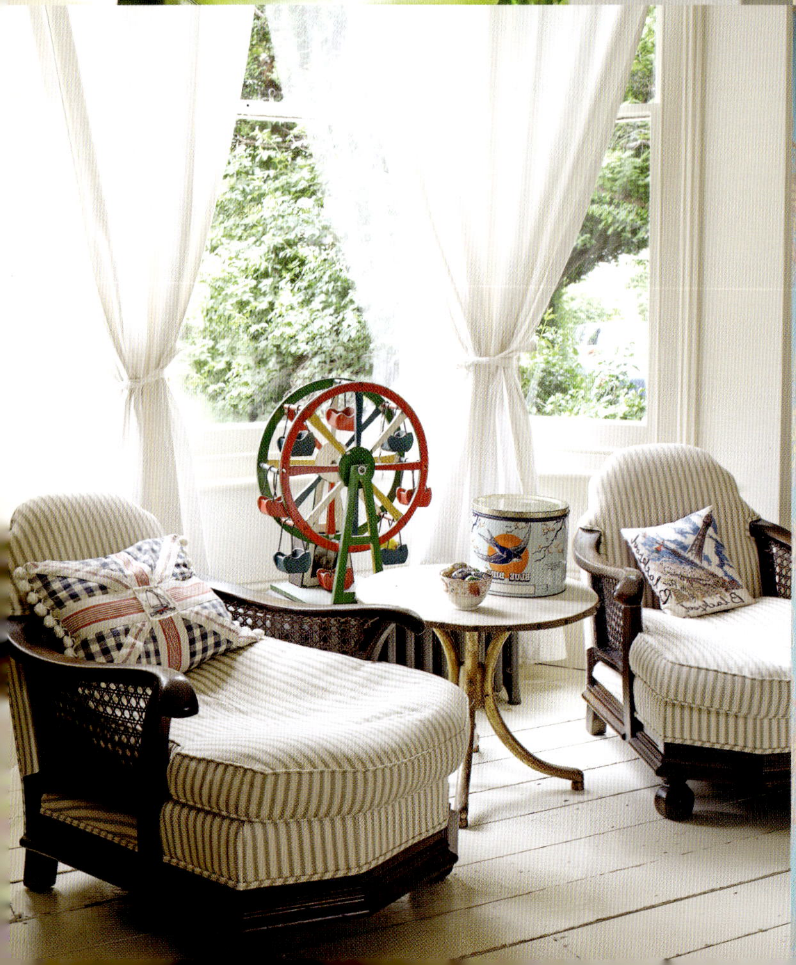

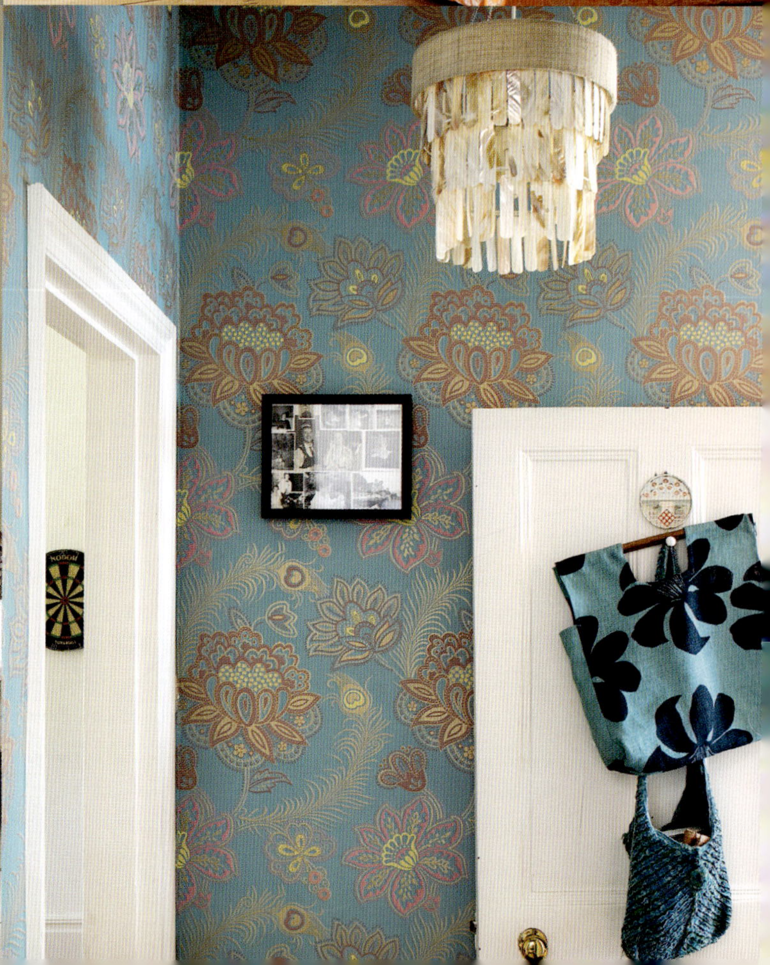

DEZE BLADZIJDE *Dit lage, ingebouwde zitgedeelte is kenmerkend voor Marokkaanse huizen; maar het is in feite overal gemakkelijk te realiseren. Kussens zijn essentieel voor het comfort; hier is een Marokkaanse huwelijksdeken gebruikt voor de hoezen.*

BLADZIJDE 104, LINKSBOVEN *Een muur met een paar eenvoudige planken biedt veel ruimte voor favoriete verzamelobjecten. In deze vazen komt het groen van de stoel en het wit van de muur terug.*

BLADZIJDE 104, RECHTSBOVEN *Twee grote, comfortabele leunstoelen zijn bekleed met mooie vintage stoffen.*

BLADZIJDE 104, LINKSONDER *Deze bijzondere, oude stoelen staan prachtig op deze plek bij het raam. Een speelgoedreuzenrad geeft de witte kamer wat kleur en speelsheid.*

BLADZIJDE 104, RECHTSONDER *Een hal op de bovenverdieping is ideaal voor behang met een patroon; zo krijgt deze ruimte wat meer karakter.*

wasserette) en reken erop dat ze wat zullen krimpen. Zoek ook naar stoffen waar je gordijnen van kunt maken, zoals een stuk vintage kant, saristof, een tafelkleed of een beddensprei. Oud linnen is mooi voor vouwgordijnen. Je kunt ook kiezen voor een kralengordijn of voor al dan niet doorzichtig of gekleurd plakplastic. Of laat eenvoudige luikjes maken die je helemaal tegen de muur kunt openslaan. Kortom: je kale venster vraagt om de bazaarstijl.

Als je in je woonkamer de puntjes op de i zet (met extra meubels of siervoorwerpen), gebruik daarvoor dan stukken die jou aanspreken, ongeacht hun oorspronkelijke functie. Een metalen tuintafeltje doet het binnen net zo goed als op het terras en een nachtkastje hoeft niet per se in de slaapkamer te staan.

Kies voor een mix van grote stukken die op een bepaalde plaats blijven staan en lichtgewicht kleine stukken – lage tafeltjes, krukken, manden, dozen, schermen – die je kunt verplaatsen. Daarmee geef je de kamer een make-over en maak je verschillende activiteiten mogelijk. Heb je weinig ruimte, zoek dan multifunctionele stukken. Oude metalen hutkoffers, kisten of leren koffers kunnen dienstdoen als lage tafels en als opbergruimte – bijvoorbeeld voor speelgoed en tijdschriften.

Onthoud dat alles geschikt is voor een opknapbeurt in bazaarstijl: reinigen, verven, behangen, verfraaien of bekleden: het is allemaal mogelijk. Beplak een tafelblad of de bovenkant van een kastje met bont behang en leg er een passende glasplaat op. Geef een vitrinekast extra impact met spiegelglas achter de planken – je favoriete siervoorwerpen zien er dan twee keer zo mooi uit. Houd de aanblik levendig door toe te voegen, weg te halen, te mixen en te combineren. Een woonkamer in bazaarstijl is constant in beweging.

Je werkplek kan een plaats zijn waar je paperassen op orde brengt, maar ook een plek waar je veel tijd doorbrengt. Misschien heb je een aparte werkkamer; misschien gebruik je een gedeelte van je woonkamer of slaapkamer. Hoe dan ook, de meeste mensen decoreren dit essentiële vertrek hooguit met wat kleurige plakbriefjes. Voeg daar functionele kantoormeubelen aan toe en je hebt een verre van inspirerende ruimte. Maar het kan anders. Je kunt de principes van de bazaarstijl ook heel goed toepassen op je werkplek.

Begin met het bureau. Ga niet naar de dichtstbijzijnde (kantoor)meubelzaak om een exemplaar uit te zoeken dat misschien praktisch maar ook heel saai is. Probeer het op vlooienmarkten, in brocantes, bij tweedehandswinkels en zelfs bij het grofvuil. Een kleine keukentafel met opklapbare

DEZE BLADZIJDE EN BLADZIJDE 106, RECHTS
Een stevige oude tafel of een bureau, een tweedehands bureaustoel en een kast zijn de ruwe materialen van elke werkplek in bazaarstijl. Hier werpt de verstelbare bureaulamp licht op de naaimachine, terwijl door het raam flink wat natuurlijk licht naar binnen komt. De muur achter de tafel is versierd met zakdoeken waarop de eigenares krantenkoppen heeft geborduurd.

BLADZIJDE 106, LINKS *Patronen voor kleding zijn tegen de muur van het huis van de ontwerper geprikt.*

DEZE BLADZIJDE Als je zelf kleding maakt of ander naaiwerk verricht, biedt een grote tafel een oppervlak om de stof over uit te spreiden. Deze tafel is gemaakt van oude kistjes en steigerpalen.

BLADZIJDE 109, LINKS Dit prachtige oude bureau is wit geverfd voor een zachtere aanblik. De laden en kastjes bieden opbergruimte voor paperassen, zodat er op het bureaublad genoeg ruimte over is voor een paar verzamelobjecten. In plaats van een zware, lelijke bureaustoel voldoet hier een oude eetkamerstoel. De eenvoudige jaloezieën zorgen voor privacy en verstrooien het licht.

BLADZIJDE 109, RECHTS Een eenvoudige keukentafel heeft de perfecte afmeting voor een laptop en past precies op deze kleinschalige werkplek. Een mooie lamp en een rolgordijn zorgen voor een frisse aanblik.

zijkanten past in zelfs de kleinste ruimte, terwijl een oude school- of werkbank ook prima als bureau dienst kan doen.

Koop verder een fraaie draaistoel op de markt – of gebruik een eetkamerstoel of een opvouwbare tuinstoel die je gemakkelijk kunt opbergen als je hem niet gebruikt. Zoek ook naar andere kantoorafdankertjes. Oude tekeningenladekasten bieden veel opbergruimte; metalen archiefkasten kun je schuren en met spuitverf behandelen, zodat ze niet meer zo saai grijs zijn. Dozen, planken, ladekastjes, verstelbare bureaulampen – ze zijn allemaal bruikbaar voor je werkplek en je vindt ze vaak op vlooienmarkten en in tweedehandswinkels.

Maak je werkplek visueel aantrekkelijk en inspirerend zonder dat het er te rommelig wordt. Een prikbord biedt plaats aan briefjes en uitnodigingen, en kan ook een prachtig kunstwerk zijn. Bedek eventueel een muur met kurktegels (die je kunt verven) of beschilder een gedeelte met schoolbordverf, waarop je de dagelijkse takenlijst kunt noteren. Zoek altijd naar creatieve alternatieven voor alledaagse dingen. Potloden hoeven niet in een saai plastic bakje te staan; je kunt ze ook in een mooi kannetje zetten. Brievenhouders kun je vervangen door ondiepe houten kratjes of mandjes. Wees creatief en zorg ervoor dat je werkplek er plezierig én functioneel uitziet.

DEZE BLADZIJDE *Een badkuip op poten voegt glamour toe aan de badkamer. De buitenkant van dit bad is olijfgroen geverfd; dezelfde tint komt terug in het kleed, de spiegellijst en de vloerplanken. Het oude tafeltje met de kandelaar en bloemen heeft precies de juiste hoogte.*

BLADZIJDE 111 *In badkamers kun je allerhande praktisch en mooi meubilair plaatsen. Hier is een sierlijk rekje gebruikt voor de handdoeken, terwijl een houten kapstokje plaats biedt aan allerlei badkamerspulletjes. Een kleurig kleed verzacht de witgeverfde vloer. De lampenkap (uit Marokko) is gemaakt van blikjes waarin gaatjes zijn gestanst.*

de BADKAMER

Badkamers in bazaarstijl hoeven, net als keukens, niet hightech of glad te zijn. Je kunt er een mix van oud en nieuw op los laten; een combinatie van vintage en hedendaags. Voor een mooie badkamer met karakter pas je gewoon de 'bazaar-behandeling' toe. Zet of leg dagelijkse benodigdheden op een creatieve manier neer; gebruik veel kleuren, patronen en texturen en neem hier en daar een loopje met conventies. Een bank bij het bad? Waarom niet!

Het principe van een speciaal voor de persoonlijke hygiëne ingerichte kamer is tamelijk recent. De meeste huizen van voor 1900 hadden geen badkamer; in slechts een eeuw tijd heeft de badkamer zich dus ontwikkeld van een luxevoorziening tot een vanzelfsprekendheid in de moderne woning. Onze houding ten opzichte van de badkamer is ook veranderd. Van een plek om je snel te wassen en op te knappen – een functionele, vaak kleine ruimte – is de badkamer tot een soort heiligdom geworden. We trekken ons er terug uit de buitenwereld, doen de deur op slot en genieten van de ontspanning en weldaad. Of je er nu een bad neemt aan het eind van de dag of je even rustig opmaakt voor je naar je werk gaat, de badkamer moet het aangename met het nuttige verenigen.

De bazaarstijl is uitstekend geschikt voor elke badkamer. Een eenvoudige benadering, met de nadruk op eigenheid in plaats van moderne elementen, is hierbij wenselijk – een fonkelnieuwe douchekop of een prachtige mengkraan is niet belangrijk. Als je de badkamer (opnieuw) inricht, kun je op zoek gaan naar oude wastafels, badkuipen, kranen en toiletpotten. Zo zijn er bij handelaars geëmailleerde badkuipen te vinden. Eventuele beschadigingen kun je door een vakman opnieuw laten coaten; ter plekke of voor je het bad laat plaatsen. De klassieke badkuip op pootjes met een geverfde buitenkant voegt kleur toe. Heb je er de ruimte voor, zet hem dan in het midden van de badkamer voor een spectaculaire aanblik. Kies ook voor een dubbele wastafel; vooral handig als je een groot gezin hebt.

DEZE BLADZIJDE *Deze badkamer is zo groot dat er ruimte is voor een Franse bank: ideaal om je teennagels op te lakken terwijl het bad volloopt. Het kastje met de glazen ruitjes, gekocht in een antiekwinkel, was oorspronkelijk bedoeld voor de keuken of woonkamer, maar is hier in de badkamer volkomen op zijn plaats en biedt voldoende ruimte voor kleurige toilettassen, tubes en potjes.*

BLADZIJDE 112, LINKS *Een kleine oude houten stoel, die roze is geverfd zodat hij bij de muren past, biedt plaats aan handdoeken en een geëmailleerde kan met borstels.*

BLADZIJDE 112, RECHTS *Een bonte handdoek kan een simpele badkamer in een handomdraai verfraaien. De mandjesset van kralen bevat diverse badspulletjes.*

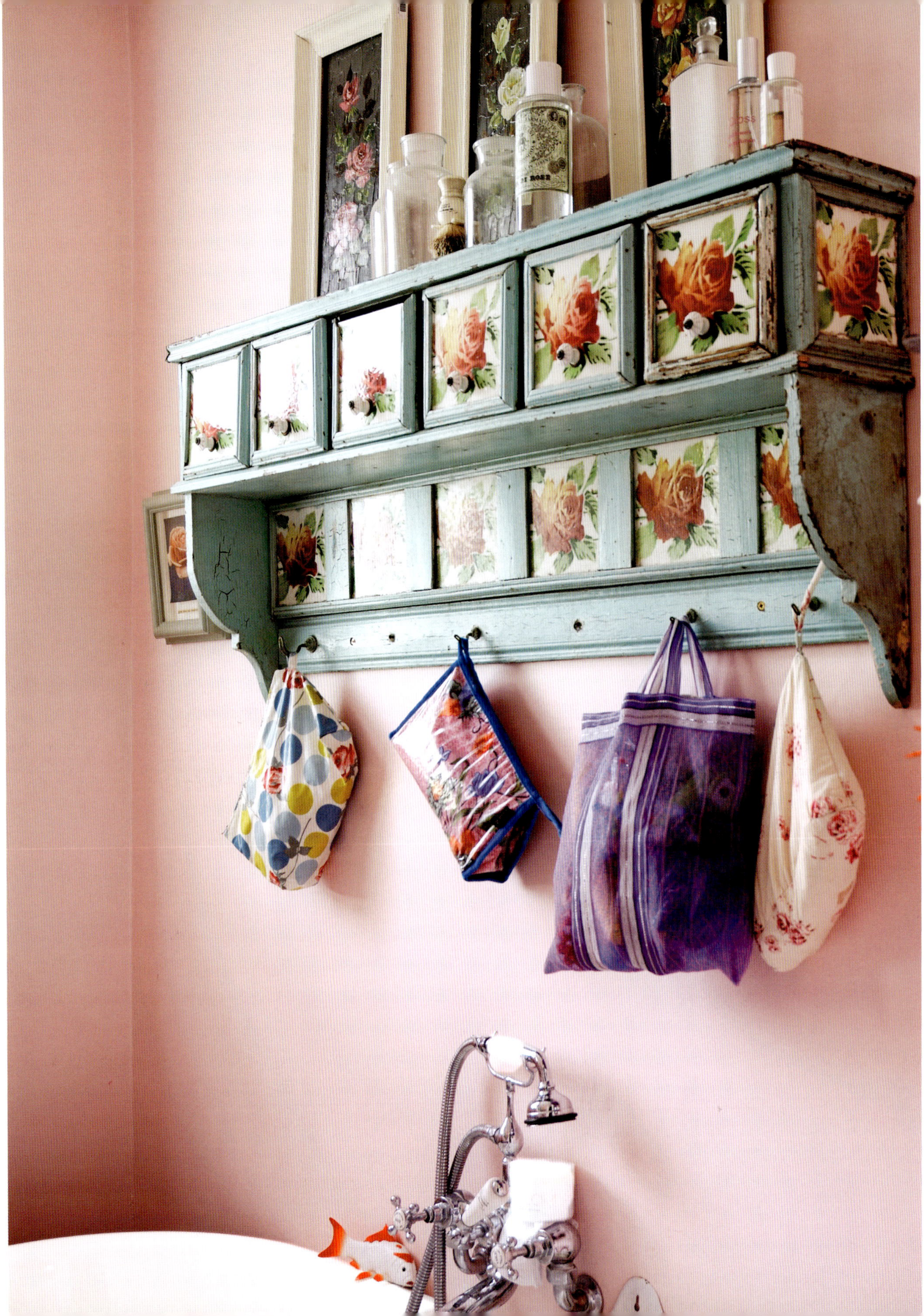

DEZE BLADZIJDE *Gevlochten manden komen in elke badkamer goed van pas. Ze zorgen voor welkome kleuraccenten in de vaak neutrale ruimte en je kunt er allerlei toiletspulletjes in opbergen. De bonte mand met deksel is afkomstig uit India; de blauwe wasmand is gemaakt van gevlochten plastic en is dus waterdicht – ideaal voor in de badkamer.*

BLADZIJDE 114 *Deze prachtige kapstokunit met laatjes komt uit een brocante in Norfolk (Engeland). De laatjes bieden plaats aan badkamerspulletjes die niet geschikt zijn om te worden uitgestald (zoals wattenstaafjes, scheermesjes en tubes tandpasta); de haken zijn handig voor het ophangen van toilettassen, douchemutsen en waszakken. De parfumflesjes en de drie bloemenschilderijtjes die erbovenop staan, voegen een extra decoratief element toe.*

Er zijn badkamers die geen raam hebben. En ook als er wel een raam is, heb je in de badkamer goede, veelzijdige verlichting nodig. Plaats wandlampen rond de spiegel of boven de wastafel; een plafondlamp voldoet prima als je een bad neemt of gewoon wat aan het rondscharrelen bent. Een dimmer is prettig als je heerlijk ontspannen wilt badderen; steek dan ook wat kaarsen aan voor een rustgevende sfeer. Spiegels reflecteren het licht. Een grote, eenvoudige spiegel aan de muur achter de wastafel dient tevens als spatplaat. Onthoud: lampen die je in de badkamer bevestigt, moeten stoom- en vochtbestendig zijn. Daarvoor moet je dus wél in een reguliere winkel zijn en niet op een vlooienmarkt.

Vergeet niet ook voor opbergruimte te zorgen. In de badkamer heb je dagelijks toiletspullen nodig (van tandpasta tot scheermesjes en wc-papier) en die zien er niet altijd even decoratief uit. Wees dus vindingrijk en berg de benodigdheden op in een hangkastje of ladekastje dat je op een markt hebt gekocht en in een frisse kleur hebt geschilderd. Gebruik plastic mandjes in de kleuren van de regenboog of kommen van aardewerk. Kies voor vochtbestendige materialen, zoals geschilderd hout, perspex, riet of glas. Mandjes van textiel, die wel heel geschikt zijn voor andere kamers, kunnen gaan schimmelen; blikken en trommeltjes kunnen gaan roesten.

Als je eenmaal de mondwatertjes en het scheerschuim hebt weggewerkt, is het leuk manieren te vinden om beter uitziende badkamerspullen tentoon te stellen. Leg stapels handdoeken op een plank of een bankje. Hang latjes met (vintage) haken op om douchesponsen en flessen douchegel aan te hangen. Zet een opvouwbare tuinstoel of een krukje in de badkamer om op te zitten terwijl het bad volloopt. Leg een kleurige mat op de vloer, hang een fraaie spiegel of fotolijstjes op om naar te kijken terwijl je in bad ligt; je kunt ook een vaas met bloemen neerzetten.

BOVEN EN RECHTS *Een eenvoudige rechthoekige wastafel in combinatie met koele, klassieke kalksteen op de muur is een prachtig uitgangspunt voor elke badkamer. De kleurige plastic manden, diverse accessoires en een spiegel met een sierlijke lijst maken deze badkamer tot een aangename ruimte.*

Een kommetje of schoteltje kan dienstdoen als zeephouder en tandenborstels kun je een plekje geven in oude kannetjes en potjes.

Kijk ook uit naar vintage spullen en retrostukken die speciaal voor de badkamer zijn bedoeld: wasmanden van Lloyd Loom, oude parfumflesjes, scheerspiegels en medicijnkastjes – ze zijn allemaal geregeld te vinden in brocantes en op vlooienmarkten. Combineer dingen uit verschillende perioden – al dan niet ontworpen voor de badkamer – en creëer een ruimte die functioneel is, maar ook een feest voor de zintuigen.

LINKSBOVEN EN BOVEN
De badkamer in dit appartement uit de jaren dertig heeft originele panelen en een decoratief glas-in-loodraam. De eigenares liet kortgeleden een eenvoudige, eigentijdse wastafel plaatsen, die het geheel niet overweldigt maar juist aanvult. Het kruis van perspex, dat met een kettinkje aan het plafond hangt, voegt een rood accent toe, dat wordt weerspiegeld in het hangkastje met dezelfde vorm.

DEZE BLADZIJDE *In 'bazaarslaapkamers' worden patronen vaak gecombineerd. Verschillende lagen op een bed zorgen ervoor dat geen enkel dessin overheerst. De rode print van de sprei uit Pakistan en het wandkleed uit India worden in evenwicht gehouden door het witte beddengoed. De kussens zorgen voor wat nostalgie.*

BLADZIJDE 119, LINKS *Een groot leren vloerkussen in een neutrale wittint is hier gecombineerd met felroze en goudgele kussens; deze kleuren komen terug in het kleed, de mand en de stoel.*

BLADZIJDE 119, RECHTS *Leg stapels kussens op bed, maar zorg voor samenhang. Hier vormen bloemenprints een prima combinatie.*

de SLAAPKAMER

De bazaarstijl draait om het combineren van objecten, kleuren en patronen; het is niet de bedoeling dat je lukraak te werk gaat. Visuele variëteit is gewenst; visuele chaos niet. Dit principe is nergens relevanter dan in de slaapkamer. Het vertrek waar je slaapt moet rustgevend zijn. Verzacht felle kleuren of bonte patronen met neutrale tinten; wissel groepjes siervoorwerpen af met lege ruimten.

BOVEN *Deze traditionele stof heeft een klein, gedetailleerd patroon dat van een afstand kleur creëert en van dichtbij een interessante aanblik oplevert. Verschillende stukken stof zijn aan elkaar genaaid voor een patchworkeffect.*

RECHTS *Dit opvallende kunstwerk domineert de kamer en bepaalt de kleuren. De witte en diep wijnrode tinten van de afbeelding komen terug in het beddengoed, de kussens en de pluizige sprei aan het voeteneind.*

LINKS *Goedkope dekens, gekocht op een plaatselijke markt, verwarmen dit bed in een Marokkaans huis. De warmrode tint van het beddengoed past mooi bij de rozerode muur, waardoor een aangename sfeer ontstaat. De effen witte kussenslopen voegen een fris accent toe en bieden tegenwicht aan het karmozijnrood.*

Dit betekent dat je de muren het beste effen kunt houden als je je bed bedekt met kleurige spreien en kussens. Als je voor behang met een patroon kiest, of voor een opvallend schilderij, is het verstandig om eenvoudig wit beddengoed te gebruiken. Kortom, wil je de kamer een kalmerend effect geven, dan is evenwicht van groot belang.

Het zoeken naar de visuele charme van de objecten die in een bepaalde kamer thuishoren, is een van de basisthema's van de bazaarstijl. Zo kunnen kleren, schoenen en sieraden in de slaapkamer het middelpunt vormen. Ze geven de kamer een eigen identiteit: een plek om te rusten, te luieren en je aan te kleden. Stel ze gerust tentoon. Hang een elegante blouse aan een kastdeur of rangschik kleurige handtassen op een schoorsteenmantel. Kies voor planken waarop je je favoriete dingen kunt uitstallen en combineer ze met gesloten kasten. Planken zorgen ook voor overzichtelijkheid; je hoeft niet eindeloos achter in de kast te zoeken naar een bepaald kledingstuk. Als je esthetiek met functionaliteit weet te combineren, komt de bazaarstijl pas echt goed tot zijn recht.

Je kunt ervoor kiezen je slaapkamer puur en alleen aan de slaap te wijden. In dat geval heb je slechts een bed, een nachtkastje en een paar lampen nodig om een rustgevende ruimte te creëren. Zoek een schitterend bed in een antiekzaak of leg een mix van allerhande beddengoed – vintage en eigentijds – op een

DEZE BLADZIJDE *Een simpele matras op de vloer met daarop een mooie beddensprei en kleurige kussens: meer heeft deze Marokkaanse slaapkamer niet nodig. De muren zijn effen en neutraal getint, waardoor visuele hoogte en ruimte ontstaat. Stenen van het strand aan een touw vormen een passende, natuurlijke decoratie.*

BLADZIJDE 123, LINKS *Een bed tegen de schoorsteenmantel heeft één duidelijk voordeel: de ruimte aan beide kanten van het bed kan worden benut voor boeken, tijdschriften en verlichting. Zoals in veel slaapkamers in bazaarstijl vormt eenvoudig wit beddengoed hier het uitgangspunt; kleur wordt toegevoegd door de bonte sprei.*

BLADZIJDE 123, RECHTS *Krukjes doen het uitstekend naast een bed; ze hebben precies de juiste hoogte om er vanuit het bed iets vanaf te pakken of op te zetten.*

eenvoudig bed. Zo creëer je een bazaarlook zonder andere opsmuk. Bewaar je make-up en schoonheidsproducten in de badkamer en berg je kleding, schoenen en andere benodigdheden, zoals een föhn, op in een logeerkamer of gangkast. De boodschap die je slaapkamer uitstraalt, zal duidelijk zijn: deze plek is gewijd aan slaap, rust en sensualiteit – geheel los van de rest van het huis.

Veel mensen zullen de ruimte echter ook willen gebruiken voor andere zaken. Meestal bewaren we onze kleren in de slaapkamer, we kleden ons er aan en we lezen er vaak een boek. De kamer wordt gebruikt voor praktische doeleinden, met name in de ochtend en avond. Als je echter de essentiële ingrediënten – het bed, de verlichting en de vloer – goed kiest en een paar siervoorwerpen en veel sensuele texturen toevoegt, zul je verrast zijn over de hoeveelheid tijd die je er wilt doorbrengen. Zet er een comfortabele leunstoel neer en je wilt er misschien wel de krant lezen, wegvluchten van de televisie of gewoon lekker dromerig uit het raam staren.

De basis van de slaapkamer is natuurlijk het bed. Hier brengen we ongeveer een derde van ons leven in door, dus moet de matras goed zijn. Koop de beste matras die je je kunt veroorloven; je kunt vervolgens besparen op de ombouw. Van oude metalen ziekenhuisbedden tot houten frames: er is een stijl voor elke portemonnee. Je kunt ook een simpel onderstel kopen en er lakens, dekens en spreien overheen leggen die tot de vloer

DEZE BLADZIJDE *Deze gezellige slaapkamer heeft veel persoonlijkheid, dankzij de bonte kussens en de sprei. De rechthoekige nisjes in de muur (er is bergruimte achter) bieden ruimte voor boeken en een beker melk of kop thee. De duiflamp is van Ed Carpenter.*

BLADZIJDE 125, LINKS *Er zijn veel patronen aanwezig in deze slaapkamer, maar er is een globaal thema gebruikt – bloemen tegen een witte achtergrond – om samenhang te creëren. De gordijnen zijn gemaakt van vintage stof van de markt; het tafeltje komt uit Marokko.*

BLADZIJDE 125, RECHTS *Bonte gordijnen vrolijken elke slaapkamer op. In combinatie met witte muren en eenvoudig beddengoed vormen ze een opvallend en fraai element.*

reiken. Voor een ietwat nostalgische bazaarlook kun je kiezen voor gebloemde quilts, zachte oude linnen lakens, gehaakte spreien en geborduurde kussenslopen; je vindt ze wellicht op vlooienmarkten en in tweedehandswinkels. Je kunt ze laten stomen; katoen en linnen kun je zelf in de wasmachine reinigen. Voor een Marokkaans of oosters tintje kies je voor felle kleuren en etnische prints op kussens, geweven kleden en beddenspreien. Vergeet bij elkaar passende spullen. Een bonte mengeling van beddengoed oogt altijd prachtig; pak gewoon de bovenste kussenslopen, lakens, dekens of dekbedovertrekken van de stapel en combineer ze tot een kleurig geheel.

Als het gaat om opbergruimte, verdienen vrijstaande meubelstukken in de bazaarstijl de voorkeur. Het is prettig om ze te kunnen verplaatsen. Zoek naar stukken met karakter – een Franse kledingkast, een ladekast met ronde poten, een oude dekenkist – of koop een goedkoop meubelstuk dat je kunt aanpassen. Probeer de vorm te vinden die je mooi vindt; de afwerking doet er niet toe, want je kunt altijd verven, behangen of nieuwe handgrepen of knoppen plaatsen. Geef een gewone garderobekast een nieuwe look door stukken uit de deuren te zagen en deze te vervangen door kippengaas; of verwijder de deur en hang er een gordijn met een fraai patroon voor.

LINKSBOVEN *Een mooie jurk of kleurige hoofddeksels en tassen aan een kastdeur of een kapstokje zorgen voor kleur en levendigheid. Je kunt de aanblik bovendien steeds veranderen – met steeds een ander kledingstuk – en de kamer duidelijk inrichten als ruimte om je te kleden en op te tutten.*

RECHTSBOVEN *Schoenen en handtassen zijn decoratief en ogen prachtig op open planken. Zo vind je bovendien gemakkelijk wat je zoekt; geen gerommel meer achter in de kast.*

In de slaapkamer moet de verlichting zacht zijn, maar je hebt ook taakverlichting nodig om bij te lezen of in de spiegel te kijken; evenals een tamelijk krachtige lamp om je bij aan te kleden op een donkere wintermorgen. Als je een hanglamp in het midden wilt hebben, kies dan voor een fonkelende kroonluchter of een grote decoratieve lampenkap; met een dimmer kun je de felheid van het licht aanpassen. Gebruik staande tafellampen op nachtkastjes, een schoorsteenmantel of toilettafel, zodat je de sfeer steeds kunt veranderen. Verzamel lampvoeten in diverse soorten en maten en combineer ze met lampenkappen met mooie patronen. Je hebt in elk geval een

DEZE BLADZIJDE *Deze slaapkamer bevat allerlei 'vrouwelijke' ingrediënten – een sprankelende kroonluchter, gebloemde kussens, verse bloemen, mooie rolgordijnen – maar ziet er toch niet zoet of meisjesachtig uit. De bonte sprei uit Pakistan, de kussens en de ietwat ruig ogende ladekast hebben een doorleefde uitstraling, die verre van truttig is.*

lamp naast het bed nodig. Wandlampen die je kunt richten op je boek zijn praktisch, maar een lage lamp op een nachtkastje voldoet ook; hij hoeft alleen maar helder genoeg te zijn om de bladzijden te verlichten; het licht moet niet te fel zijn.

Er is wel ruimte voor decoratie in een slaapkamer, maar, zoals eerder gezegd, evenwicht is essentieel. Hier kunnen te veel visuele prikkels een te opwekkende omgeving creëren, waar het moeilijk rusten en slapen is. Om dit te voorkomen, kies je multifunctionele spullen die ook een vleugje bazaarlook teweegbrengen. Gebruik een oude glazen taartschaal om je make-up op uit te stallen en bespaar zo ruimte op je toilettafel. Bewaar schoenen en handtassen in oude koffers of hoedendozen. Kijk uit naar sofa's, houten kasten of rieten dekenkisten; ze bieden opbergruimte en, bedekt met kussens, een plaats om te zitten. Houd de kamer netjes opgeruimd. Een slaapkamer in bazaarstijl heeft precies de juiste combinatie van je persoonlijke spullen en lege ruimte, kleur en neutrale tinten, zodat je bent verzekerd van een goede nachtrust.

DEZE BLADZIJDE EN BLADZIJDE 128, RECHTS *Een geborduurde quilt van Cath Kidston, kleding en kettingen, en vrolijke tafeltjes uit Marokko geven deze kamer een ontspannen karakter. De eigenares, die vintage stoffen verzamelt, heeft de lampenkappen zelf bekleed.*

BLADZIJDE 128, LINKS *Kapstokjes zijn niet alleen geschikt voor de gang. In deze badkamer en suite hangen een douchemuts en mooie tassen aan een lat met knoppen.*

DE TUIN *als* KAMER

De tuin was vroeger vooral het paradijs van mensen met groene vingers, maar tegenwoordig beschouwen we de tuin ook wel als extra kamer. Maak er een speelplek voor kinderen, een ruimte om gasten te ontvangen en/of een plaats om je te ontspannen. Je kunt ideeën van binnenshuis lenen – misschien zelfs de meubels, stoffen en kussens – om van de buitenkamer een verlengstuk van je huis te maken.

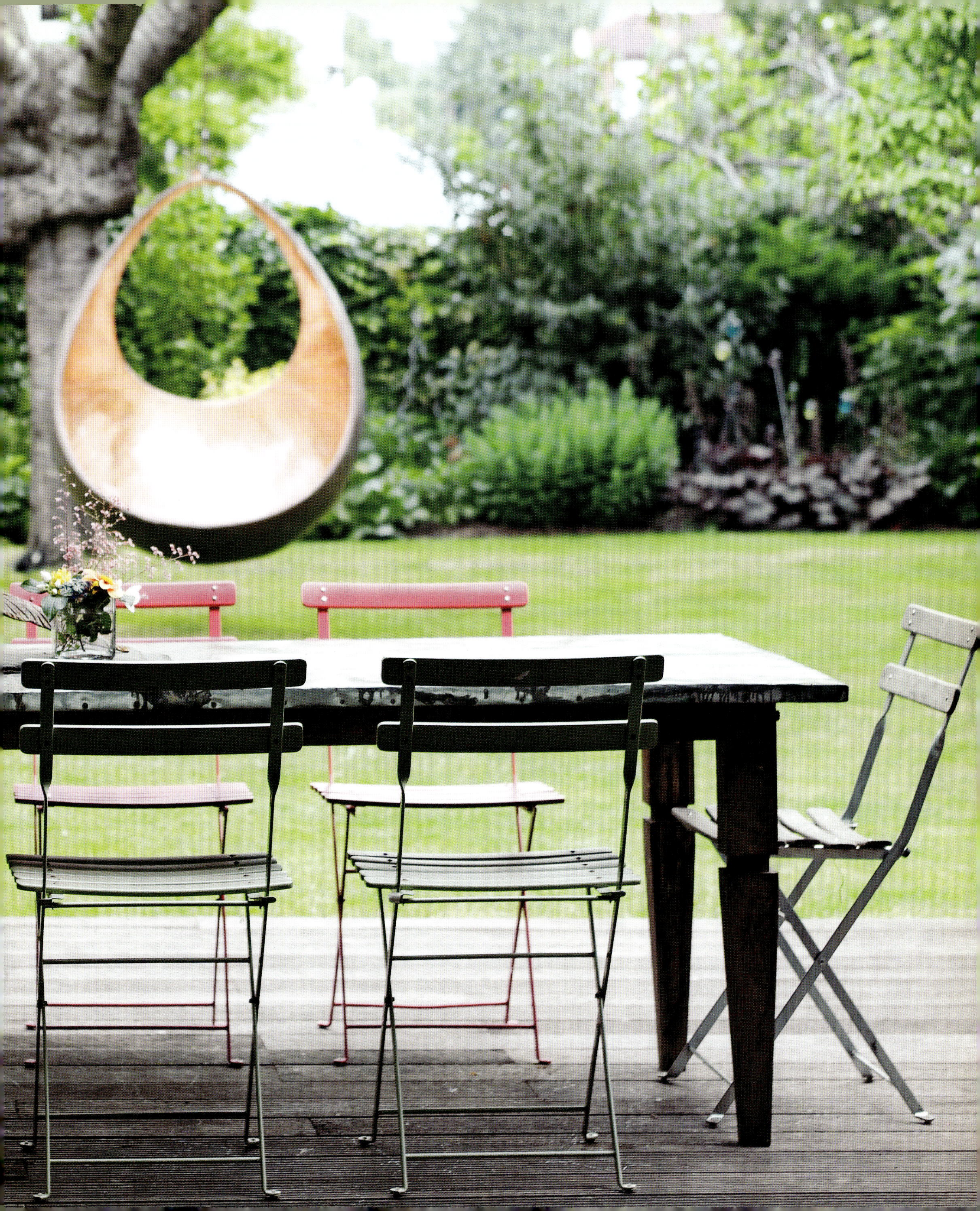

LINKSBOVEN *Deze tuin heeft een duidelijk blauw kleurenschema, dankzij de parasol en de schuur. Het simpele houten meubilair krijgt een bazaarlook met kussens en een tafelkleed van restjes stof, ontworpen door de eigenares van het huis.*

RECHTSBOVEN *Een Chinese parasol, Franse smeedijzeren stoelen en een tafel vormen het middelpunt van deze kleine stadstuin. De ingebouwde banken aan de rand vullen het zitgedeelte aan zonder dat het te rommelig wordt. De stof op de kussens is fleurig en eigentijds en zorgt voor een modern accent.*

Er zijn veel manieren om de buitenkamer een bazaarlook te geven, of het nu gaat om een balkon, een binnenplaats of een lap grond. Potten met planten zijn ideaal. Honderden planten, kruiden en struikjes doen het beter in een pot dan in een border; bovendien kun je potten verplaatsen, zodat je gemakkelijk verschillende zones creëert en voor visuele afwisseling kunt zorgen. In een kleine stadstuin, die vaak geheel betegeld is, vormen ze de beste manier om natuurlijke kleuren en texturen te introduceren, terwijl ze in een grotere tuin de harde lijnen van de randen van de patio kunnen verzachten.

Op vlooienmarkten zijn vaak allerhande bakken, kuipen en potten te vinden. Je vindt er ook allerlei voorwerpen die als pot kunnen dienen. Oude metalen emmers, theebussen, manden, houten kratjes, gootstenen: als er potgrond in kan, kun je er een plant in zetten. Als het materiaal het toelaat, maak je kleine gaten in de bodem voor de drainage. Voordat je al te enthousiast wordt en een oude badkuip beplant, moet je wel bedenken dat die heel zwaar wordt – waarschijnlijk te zwaar voor een balkon of dakterras. Bedenk ook van tevoren hoe vaak je een bepaalde bak zou willen verplaatsen. Je kunt er eventueel (een plank met) wieltjes onder plaatsen.

Zitgelegenheid is essentieel in zelfs de kleinste buitenkamer; je kunt dan ook overwegen om een zitgedeelte in te bouwen – een uitstekende manier om structuur aan te brengen

LINKSBOVEN *Gewoon houten tuinmeubilair krijgt een bazaartintje met een Indiaas kleed en kussens met streepjes en mooie bloemenpatronen van Cath Kidston. De parasol komt ook uit India.*

RECHTSBOVEN *Een verzameling kussens geeft deze ingebouwde bank op dit Marokkaanse dakterras een ontspannen uitstraling. De felle, retroachtige stoffen zijn eigentijdse Marokkaanse ontwerpen; ze zijn afkomstig van een lokale markt. Dat juist hier deze kussens zijn gebruikt – in plaats van de traditionele kelims – versterkt nog eens hun aantrekkingskracht.*

LINKSBOVEN *De magentarode kussens vormen een prachtig contrast met de natuurlijke omgeving van deze overdekte bank.*

RECHTSBOVEN *Creëer een eenvoudige tuinbank langs een muur door planken op opgestapelde stenen (B2-blokken) te leggen. Kussens zorgen voor het nodige comfort; deze komen uit Marokko.*

BLADZIJDE 135 *Trucjes die binnenshuis werken doen het soms ook buiten prima. Een spiegel doet een besloten tuin groter en lichter lijken, terwijl je ook met geverfde tuinmuren de sfeer kunt beïnvloeden. Met een Indiaas kleed en kussens voeg je gemakkelijk kleur toe in de tuin. Bloeiende planten zijn hier niet meer nodig.*

in de ruimte. Bouw gewoon een laag platform langs een tuin- of huismuur en leg er kleurige quilts, dekens en kussens op. Je kunt de ruimte eronder – heel handig – benutten als berging voor tuinmeubels. Zorg daarnaast voor losse zitplaatsen en een tafel. Oude ligstoelen, houten banken, Franse caféstoeltjes en -tafeltjes van hout of smeedijzer en rieten leunstoelen: je treft ze beslist aan op de (vlooien)markt. Onthoud dat je de tuinmeubels moet afdekken als je ze niet gebruikt, tenzij ze weerbestendig zijn, of van hardhout zijn gemaakt, zoals teak. Je kunt kiezen voor stukken die ook binnen goed staan, maar je kunt ook een fraai geverfd schuurtje of een tuinkast gebruiken voor de opslag – tot het weer lente is.

Een grote rommelschuur of snuffelhal met tuinspullen kan een goede plaats zijn om op zoek te gaan naar tuinmeubels;

er worden soms ook tuingereedschappen verkocht, evenals tuinornamenten, bloembakken en tuintegels. Ga wel zoveel mogelijk na of de herkomst van de spullen legaal is voor je ze koopt.

Kleur vormt het hart van de bazaarstijl; in een buitenkamer hoeft die niet per se alleen van de planten te komen. In een kleine stadstuin kun je schuttingen of muurtjes verven in zachtgroen, hemelsblauw of rijke Marokkaanse tinten als turkoois, rozerood of zandkleur. Zoek naar geverfde meubels, bijvoorbeeld van Lloyd Loom, of leg kleurige kussens op simpele houten stoelen. Als je zicht hebt op gebouwen, leid de blik daar dan van af met vrolijke vloerkussens, kleurige kleden en biezen matten op het gazon of terras. Creëer samenhang met kleurenschema's, net als binnen. Zorg er bijvoorbeeld voor dat gebladerte en bloemen passen bij een tuinkleed, de stof van de zitkussens, een bonte hangmat of de zonwering.

Tot slot kun je een paar bazaartrucjes en -technieken gebruiken die zowel binnen als buiten van toepassing zijn. Hang een grote spiegel aan een tuin- of huismuur om in een besloten tuin meer visuele ruimte en licht te creëren. Drapeer prullaria zoals glitterballen aan bomen en struiken om het zonlicht te vangen en voor wat sprankeling te zorgen. Zet favoriete siervoorwerpen en kannen met bloemen op een tafel. Overvloedig kaarslicht maakt een romantisch avondetentje bijzonder sfeervol. Om te voorkomen dat de kaarsen door een briesje worden gedoofd, gebruik je windlichten, stormlantaarns en jampotten. Als muggen het etentje dreigen te verpesten, steek je citronellakaarsen aan, dat houdt ze zeker op afstand.

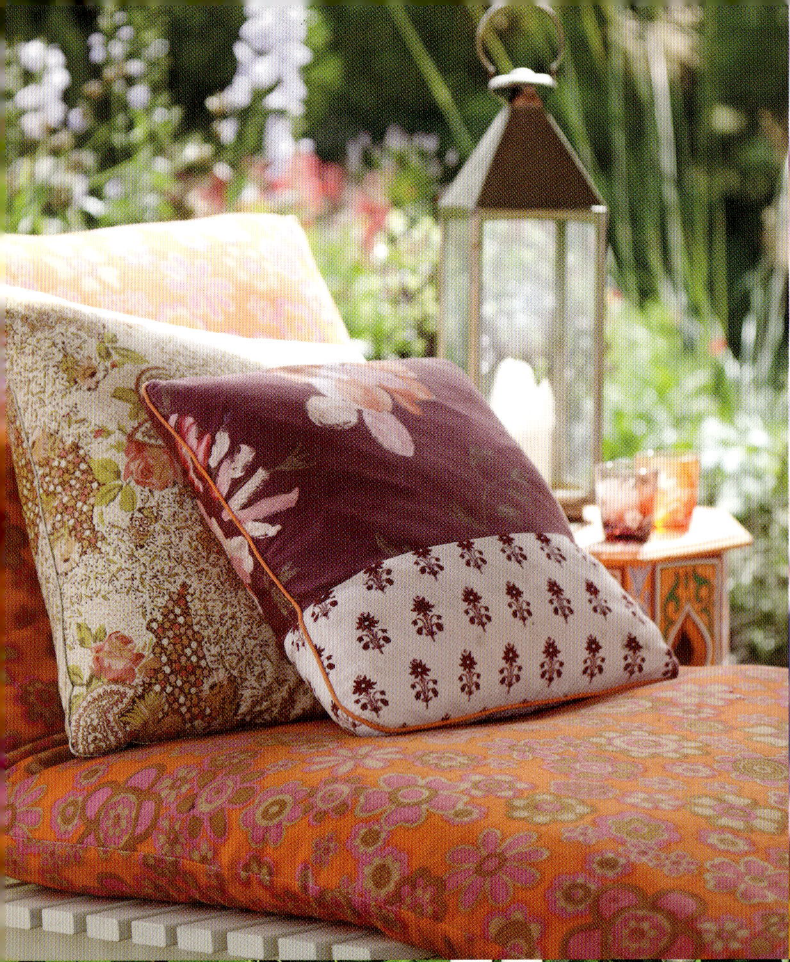
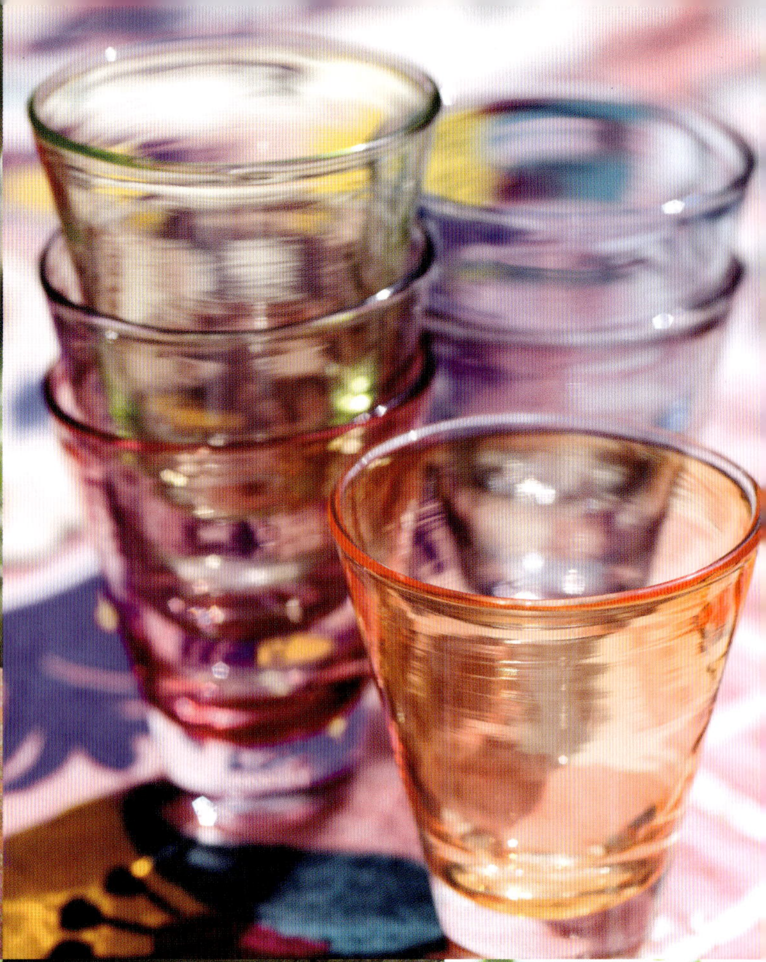
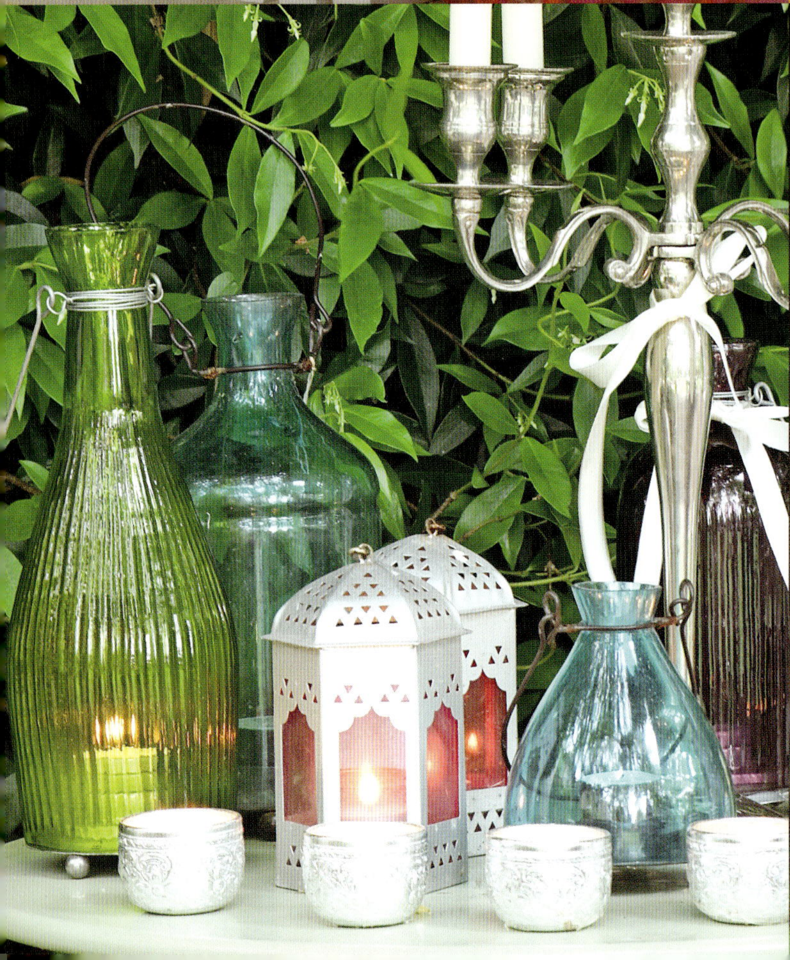
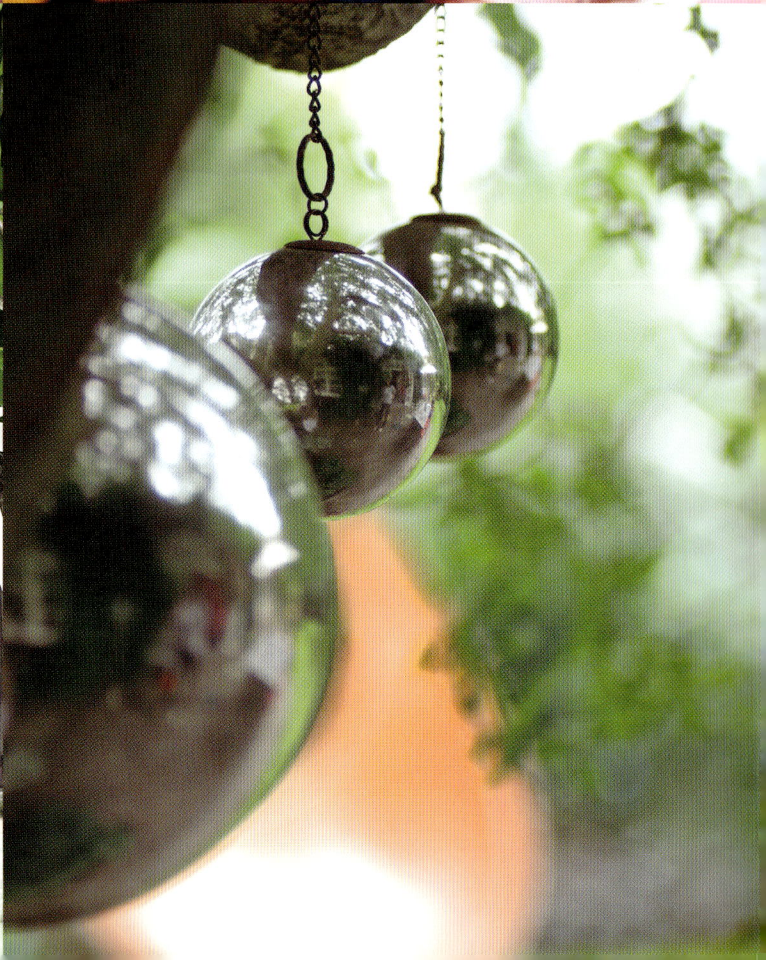

DEZE BLADZIJDE *Dit zwembad oogt frivool door de roze geschilderde muren en banken. Gevlochten plastic manden, bedoeld voor de badkamer, doen het hier uitstekend: ze zijn groot, kleurig en waterbestendig.*

BLADZIJDE 136, LINKSBOVEN *In de bazaarstijl wordt veel met bonte lagen gewerkt, ook buiten. Dus als je een tuin vol bloemen hebt, is er ook ruimte voor gebloemde kussens.*

BLADZIJDE 136, LINKSONDER *Kaarsen zijn mooi bij een etentje in de schemering. Doe ze in windlichten, stormlantaarns of flessen om de vlammen tegen windvlagen te beschermen.*

BLADZIJDE 136, RECHTSBOVEN EN -ONDER *Alle materialen die het zonlicht weerkaatsen, voegen sprankeling en visuele textuur toe aan je buitenkamer; hier zie je gekleurde glazen en glanzende ballen aan een tak.*

ADRESSEN

In de meeste steden en grote dorpen vind je kringloopwinkels, brocantes, antiekzaken en/of markten. Ben je in de stad, ga dan op zoek aan de rand van het centrum (weg van de grote winkelstraten) om ze te vinden.

Bekijk plaatselijke kranten en aankondigingen voor vlooienmarkten en fancy fairs. Neem ook eens een kijkje op www.hollandsemarkten.nl.

De bekende Bazaar (ook wel Zwarte Markt genoemd) in Beverwijk (www.debazaar.nl) is in elk geval een bezoek waard. Maar snuffel vooral, overal waar je komt, rond in boetiekjes, retrowinkels en brocantes – en natuurlijk op (vlooien)markten, zowel in binnen- als buitenland.

Rondneuzen op het internet kan ook lonend zijn. Zie het overzicht van adressen hieronder. Het is slechts een greep uit een enorm aanbod, dus gebruik het als leidraad en ga zelf op onderzoek uit.

SNUFFELHALLEN, MARKTEN, ENZ.

De Zwarte Markt in Beverwijk
www.debazaar.nl

www.hollandsemarkten.nl

BROCANTES, RETRO- EN KRINGLOOPWINKELS

http://brocante.startspot.nl

Rosa Blu
De Garage
Tweede Schinkelstraat 41-h
Amsterdam (Oud Zuid)
020-7850498
www.rosablu.nl

www.kringloopwinkels.tk
Een goed overzicht per provincie.

www.xs4all.nl/~mkalk
Marinus Kalk heeft op zijn website de adressen van een groot aantal curiosawinkels, vlooienmarkten en veilingen verzameld.

(DESIGN)MEUBELEN – OUTLET EN/OF TWEEDEHANDS

Cath Kidston
Londen, Groot-Brittannië
www.cathkidston.co.uk
Artikelen online te bestellen, maar ook onder andere te koop bij Rosa Blu (zie boven).

www.veilingkijker.nl/design_meubel.html
Aanbiedingen van o.a. Marktplaats, Speurders, eBay, enz.

www.designwonen.nl
Met zoekmogelijkheden op bijvoorbeeld ontwerper, merk, enz.

Designstoelen.nl
Appelsteeg 5
1811 NA Alkmaar
072-5207408
www.designstoelen.nl

Niet Nieuw Design
Handelsweg 20
9482 WE Tynaarlo
0592-545554
www.nietnieuwdesign.nl

content.luuxs.nl
Vraag en aanbod van designmeubelen.

www.dutchoriginals.nl
o.a. Gispen-meubels; diverse verkoopadressen.

Design4ever.NL
Hastelweg 254
5652 CN Eindhoven
040-2502008
www.design4ever.nl

(MEUBEL)STOFFEN EN BEHANG

www.funkystuffdesign.nl
Veel zaken uit de jaren zestig & zeventig (kussens, behang, meubels, enz.).

www.designersguildbehang.nl
De bekende collectie behang en stoffen van dit merk is onder andere te koop bij Sunny Home in Landsmeer en te bekijken in de showroom in Amsterdam.

www.marimekko.com
Slecht verkrijgbaar in Nederland; wel te bestellen via het internet.

www.finnishdesignshop.com

www.eijffinger.com
Bijzondere behangsoorten en bijpassende stoffen – met verwijzing naar verkoopadressen.

www.decorette.nl
Voor verf, stoffen en behang; diverse verkooppunten door het hele land.

www.wallpaperfromthe70.com
Geometrische dessins uit Duitsland.

OUDE BOUWMATERIALEN

J. van IJken
Walnootberg 6
3755 BP Eemnes
035-5389752
www.oudebouwmaterialen.nl

Piet Jonker Abcoude b.v.
Rijksstraatweg 23
1396 JC Baambrugge
0294-293777
www.pietjonker.nl/historische-bouwmaterialen.php

Benko
Hemelstraat 6
4564 BB St. Jansteen
0114-312512
www.benko.nl

't Achterhuis Antieke en Historische Bouwmaterialen b.v.
Kreitenmolenstraat 92
5071 BH Udenhout (NBr.)
013-5111649
www.achterhuis.com

De Opkamer – Historische Bouwmaterialen
Haagstraat 8
4921 XA Made
06-51179736
www.de-opkamer.nl

Historische bouwmaterialen – Ben en Mira Kappers
Groenestraat 74
Kampen (Overijssel)
038-3316684
www.historische-bouwmaterialen.nl

Silo 6 b.v.
Havendijk 6
3846 AD Harderwijk
0341-429000
www.silo6.nl

Stichting Monument & Materiaal
Westerbinnensingel 48
9718 BV Groningen
050-3146246
www.stichtingmenm.nl

KUNST

www.exto.nl
Kunstenaars publiceren hun eigen werk op internet.

www.kunstkoop.net
Een overzicht van professionele galerieën in Nederland.

TIJDSCHRIFTEN OVER WONEN

Home and Garden
www.homeandgarden.nl

vtWonen
www.vtwonen.nl

Ariadne
www.ariadneathome.nl

Eigen Huis en Interieur
www.eh-i.nl

FOTOVERANTWOORDING

b = boven, o = onder, r = rechts, l = links, m = midden

Alle foto's zijn gemaakt door Debi Treloar

bladzijde 1 l het huis van Joanne Cleasby, kraamhoudster in Snoopers Paradise, Brighton; **1 lm** het huis van styliste/kunstenares Reineke Groters in Amsterdam; **1 rm** www.juliaclancey.com; **1 r** woonhuis in Amsterdam, eigenares Ank de la Plume; **2 rij een: l** Londen: het huis van David en Jaz Bushell van Drapestar; **lm** Londen: het huis van Nikki Tibbles, eigenares van Wild at Heart-Flowers and Interiors; **rm** Alan Higgs Architects; **r** www.juliaclancey.com; **2 rij twee: l & ml** het huis van Netty Nauta in Amsterdam; **rm** www.juliaclancey.com; Madeleine Rogers van Mibo; **2 rij drie: l & rm** Londen: het huis van Sam Robinson, mede-eigenaar van The Cross and Cross The Road; **lm** www.juliaclancey.com; **r** Londen: het huis van Nikki Tibbles, eigenares van Wild at Heart-Flowers and Interiors; **2 rij vier: l** www.juliaclancey.com; **lm** Londen: het huis van Sam Robinson, mede-eigenaar van The Cross and Cross The Road; **rm** het huis van Netty Nauta in Amsterdam; **r** Londen: het huis van mw. Hope en dhr. Greenwood, de eigenaars van Hope & Greenwood; **4-5 b** het huis van Isobel Trenouth, haar echtgenoot en hun vier kinderen; **5 m** www.juliaclancey.com; **5 o** Londen: het huis van Louise Scott-Smith van www.lovelylovely.co.uk; **12 rij een: l & r** het huis van styliste/kunstenares Reineke Groters in Amsterdam; **lm** het huis van Isobel Trenouth, haar echtgenoot en hun vier kinderen; **rm** Londen: het huis van Sam Robinson, mede-eigenaar van The Cross and Cross The Road; **12 rij twee: l** Londen: het huis van Sam Robinson, mede-eigenaar van The Cross and Cross The Road; **lm** woonhuis in Amsterdam, eigenares Ank de la Plume; **rm** het huis van Isobel Trenouth, haar echtgenoot en hun vier kinderen; **r** Londen: het huis van Louise Scott-Smith van www.lovelylovely.co.uk; **12 rij drie: l** Alan Higgs Architects; **lm** het huis van Isobel Trenouth, haar echtgenoot en hun vier kinderen; **rm** Londen: het huis van Sam Robinson, mede-eigenaar van The Cross and Cross The Road; **r** Madeleine Rogers van Mibo; **12 rij vier: l** Londen: het huis van Nikki Tibbles, eigenares van Wild at Heart-Flowers and Interiors; **lm** woonhuis in Amsterdam, eigenares Ank de la Plume; **rm** het huis van styliste/kunstenares Reineke Groters in Amsterdam; **r** Riad Chambres d'Amis in Marrakech (B&B), ontworpen door eigenares Ank de la Plume, ingericht in samenwerking met Household Hardware en Rutger Jan de Lange; **14 & 15 o** het huis van Netty Nauta in Amsterdam; **15 b** West-Londen: het huis van Sarah O'Keefe, mede-eigenares van The Cross, **16 l** het huis van styliste/kunstenares Reineke Groters in Amsterdam; **16 r & l** Londen: het huis van Nikki Tibbles, eigenares van Wild at Heart-Flowers and Interiors; **17-18** www.juliaclancey.com; **19 b** het huis van Joanne Cleasby, kraamhoudster in Snoopers Paradise, Brighton; **19 lo** Alan Higgs Architects; **19 ro** Londen: het huis van Nikki Tibbles, eigenares van Wild at Heart-Flowers and Interiors; **20 l** Londen: het huis van Sam Robinson, mede-eigenaar van The Cross and Cross The Road; **20 r** Londen: het huis van Louise Scott-Smith van www.lovelylovely.co.uk; **21 l** Londen: het huis van mw. Hope en dhr. Greenwood, de eigenaars van Hope & Greenwood; **21 r** Londen: het huis van Nikki Tibbles, eigenares van Wild at Heart-Flowers and Interiors; **22** Londen: het huis van Louise Scott-Smith van www.lovelylovely.co.uk; **23 l** het huis van Netty Nauta in Amsterdam; **23 r** Londen: het huis van Louise Scott-Smith van www.lovelylovely.co.uk; **24 l** Londen: het huis van Nikki Tibbles, eigenares van Wild at Heart-Flowers and Interiors; **24 r** Londen: het huis van Sam Robinson, mede-eigenaar van The Cross and Cross The Road; **25** Londen: het huis van Nikki Tibbles, eigenares van Wild at Heart-Flowers and Interiors; **26 & 27** West-Londen: het huis van Sarah O'Keefe, mede-eigenares van The Cross; **27 l** het huis van Isobel Trenouth, haar echtgenoot en hun vier kinderen; **28** Londen: het huis van Sam Robinson, mede-eigenaar van The Cross and Cross The Road; **29 l** woonhuis in Amsterdam, eigenares Ank de la Plume; **29 r** Riad Yima, ontworpen door eigenaar Hassan Hajjaj; wordt verhuurd, de manager is Abdelghafour Benbadryef; **30 l** het huis van styliste/kunstenares Reineke Groters in Amsterdam; **30 r** West-Londen: het huis van Sarah O'Keefe, mede-eigenares van The Cross; **31** het huis van Netty Nauta in Amsterdam; **32** Londen: het huis van Nikki Tibbles, eigenares van Wild at Heart-Flowers and Interiors; **33** Alan Higgs Architects; **34 l** Londen: het huis van Louise Scott-Smith van www.lovelylovely.co.uk; **34 r** Madeleine Rogers van Mibo; **35 l** het huis van Joanne Cleasby, kraamhoudster in Snoopers Paradise, Brighton; **35 r** Riad Chambres d'Amis in Marrakech (B&B), ontworpen door eigenares Ank de la Plume, ingericht in samenwerking met Household Hardware en Rutger Jan de Lange; **36 b & lo** het huis van styliste/kunstenares Reineke Groters in Amsterdam; **36 ro** het huis van Isobel Trenouth, haar echtgenoot en hun vier kinderen; **37** Londen: het huis van Louise Scott-Smith van www.lovelylovely.co.uk; **38 l** woonhuis in Amsterdam, eigenares Ank de la Plume; **38 r** Dar Beida en Dar Emma, beschikbaar voor verhuur – www.castlesinthesand.com, binnenhuisarchitecten Emma Wilson en Graham Carter; **39** het huis van Isobel Trenouth, haar echtgenoot en hun vier kinderen; **40-41** het huis van styliste/kunstenares Reineke Groters in Amsterdam; **42-43** Londen: het huis van David en Jaz Bushell van Drapestar; **44 l** woonhuis in Amsterdam, eigenares Ank de la Plume; **44 r** Alan Higgs Architects; **45 lb** Londen: het huis van Nikki Tibbles, eigenares van Wild at Heart-Flowers and Interiors; **45 rb** Londen: het huis van David en Jaz Bushell van Drapestar; **45 lo** Londen: het huis van Sam Robinson, mede-eigenaar van The Cross and Cross The Road; **45 ro** Riad Chambres d'Amis in Marrakech (B&B), ontworpen door eigenares Ank de la Plume, ingericht in samenwerking met Household Hardware en Rutger Jan de Lange; **46 l** het huis van styliste/kunstenares Reineke Groters in Amsterdam; **46 r** het huis van Isobel Trenouth, haar echtgenoot en hun vier kinderen; **47 l** Alan Higgs Architects; **47 r** Riad Chambres d'Amis in Marrakech (B&B), ontworpen door eigenares Ank de la Plume, ingericht in samenwerking met Household Hardware en Rutger Jan de Lange; **48 l** Londen: het huis van Sam Robinson, mede-eigenaar van The Cross and Cross The Road; **48 r** www.juliaclancey.com; **49 l** Londen: het huis van Nikki Tibbles, eigenares van Wild at Heart-Flowers and Interiors; **50** www.juliaclancey.com; **51 lo** het huis van Netty Nauta in Amsterdam; **52 l** woonhuis in Amsterdam, eigenares Ank de la Plume; **52 r** het huis van Netty Nauta in Amsterdam; **53** Alan Higgs Architects; **54 lb** het huis van styliste/kunstenares Reineke Groters in Amsterdam; **54 rb** Madeleine Rogers van Mibo; **54 lo** Londen: het huis van mw. Hope en dhr. Greenwood, de eigenaars van Hope & Greenwood; **54 ro-56** www.juliaclancey.com; **57 l** Madeleine Rogers van Mibo; **57 r** Londen: het huis van Sam Robinson, mede-eigenaar van The Cross and Cross The Road; **58** het huis van styliste/kunstenares Reineke Groters in Amsterdam; **59** www.juliaclancey.com; **60** Londen: het huis van Sam Robinson, mede-eigenaar van The Cross and Cross The Road; **61** www.juliaclancey.com; **62-63 l** Londen: het huis van Sam Robinson, mede-eigenaar van The Cross and Cross The Road; **63 r** Riad Chambres d'Amis in Marrakech (B&B), ontworpen door eigenares Ank de la Plume, ingericht in samenwerking met Household Hardware en Rutger Jan de Lange; **64 l** Londen: het huis van Sam Robinson, mede-eigenaar van The Cross and Cross The Road; **64 r** www.juliaclancey.com; **65 l** het huis van Joanne Cleasby, kraamhoudster in Snoopers Paradise, Brighton; **65 r** Madeleine Rogers van Mibo; **66 l** het huis van Joanne Cleasby, kraamhoudster in Snoopers Paradise, Brighton; **66 l-r** Londen: het huis van Nikki Tibbles, eigenares van Wild at Heart-Flowers and Interiors; **67** Londen: het huis van mw. Hope en dhr. Greenwood, de eigenaars van Hope & Greenwood; **68** Riad Chambres d'Amis in Marrakech (B&B), ontworpen door eigenares Ank de la Plume, ingericht in samenwerking met Household Hardware en Rutger Jan de Lange; **69 lb** het huis van Joanne Cleasby, kraamhoudster in Snoopers Paradise, Brighton; **69 rb** woonhuis in Amsterdam, eigenares Ank de la Plume; **69 lo** Londen: het huis van Louise Scott-Smith van www.lovelylovely.co.uk; **69 ro** het huis van styliste/kunstenares Reineke Groters in Amsterdam; **70 rij een: l** Londen: het huis van Sam Robinson, mede-eigenaar van The Cross and Cross The Road; **lm** West-Londen: het huis van Sarah O'Keefe, mede-eigenares van The Cross; **rm & r** Londen: het huis van Louise Scott-Smith van www.lovelylovely.co.uk; **70 rij twee: l & rm** West-Londen: het huis van Sarah O'Keefe, mede-eigenares van The Cross; **lm** Dar Beida en Dar Emma, beschikbaar voor verhuur – www.castlesinthesand.com, binnenhuisarchitecten Emma Wilson en Graham Carter; **r** Londen: het huis van Sam Robinson, mede-eigenaar van The Cross and Cross The Road; **70 rij drie: l** Riad Chambres d'Amis in Marrakech (B&B), ontworpen door eigenares Ank de la Plume, ingericht in samenwerking met Household Hardware en Rutger Jan de Lange; **lm** Londen: het huis van Sam Robinson, mede-eigenaar van The Cross and Cross The Road; **rm** Londen: het huis van mw. Hope en dhr. Greenwood, de eigenaars van Hope & Greenwood; **r** het huis van Isobel Trenouth, haar echtgenoot en hun vier kinderen; **70 rij vier: l & r** het huis van styliste/kunstenares Reineke Groters in Amsterdam; **lm** Londen: het huis van Louise Scott-Smith van www.lovelylovely.co.uk; **rm** West-Londen: het huis van Sarah O'Keefe, mede-eigenares van The Cross; **72** Londen: het huis van Sam Robinson, mede-eigenaar van The Cross and Cross The Road; **73** Dar Beida en Dar Emma, beschikbaar voor verhuur – www.castlesinthesand.com, binnenhuisarchitecten Emma Wilson en Graham Carter; **74-75** woonhuis in Amsterdam, eigenares Ank de la Plume; **76 l** Londen: het huis van mw. Hope en dhr. Greenwood, de eigenaars van Hope & Greenwood; **76 r** het huis van Isobel Trenouth, haar echtgenoot en hun vier kinderen; **77 l** www.juliaclancey.com; **77 r** Londen: het huis van Louise Scott-Smith van www.lovelylovely.co.uk; **78-79** Alan Higgs Architects; **80** Dar Beida en Dar Emma, beschikbaar voor verhuur – www.castlesinthesand.com, binnenhuisarchitecten Emma Wilson en Graham Carter; **81** het huis van Joanne Cleasby, kraamhoudster in Snoopers Paradise, Brighton; **82-83** West-Londen: het huis van Sarah O'Keefe, mede-eigenares van The Cross; **84-85** Riad Chambres d'Amis in Marrakech (B&B), ontworpen door eigenares Ank de la Plume, ingericht in samenwerking met Household Hardware en Rutger Jan de Lange; **86** het huis van styliste/kunstenares Reineke Groters in Amsterdam; **88-89** Londen: het huis van Sam Robinson, mede-eigenaar van The Cross and Cross The Road; **90-91** West-Londen: het huis van

Sarah O'Keefe, mede-eigenares van The Cross; **92-93** woonhuis in Amsterdam, eigenares Ank de la Plume; **94-95** l het huis van Joanne Cleasby, kraamhoudster in Snoopers Paradise, Brighton; **95 r** Londen: het huis van Nikki Tibbles, eigenares van Wild at Heart-Flowers and Interiors; **96-97** het huis van Isobel Trenouth, haar echtgenoot en hun vier kinderen; **98-99** Alan Higgs Architects; **100-101** Riad Chambres d'Amis in Marrakech (B&B), ontworpen door eigenares Ank de la Plume, ingericht in samenwerking met Household Hardware en Rutger Jan de Lange; **102** Londen: het huis van Nikki Tibbles, eigenares van Wild at Heart-Flowers and Interiors; **103 l** Riad Chambres d'Amis in Marrakech (B&B), ontworpen door eigenares Ank de la Plume, ingericht in samenwerking met Household Hardware en Rutger Jan de Lange; **103 r** het huis van styliste/kunstenares Reineke Groters in Amsterdam; **104 lb** Londen: het huis van Nikki Tibbles, eigenares van Wild at Heart-Flowers and Interiors; **104 rb** Londen: het huis van Nikki Tibbles, eigenares van Wild at Heart-Flowers and Interiors; **104 lo** Londen: het huis van mw. Hope en dhr. Greenwood, de eigenaars van Hope & Greenwood; **104 ro** het huis van Isobel Trenouth, haar echtgenoot en hun vier kinderen; **105** Riad Chambres d'Amis in Marrakech (B&B), ontworpen door eigenares Ank de la Plume, ingericht in samenwerking met Household Hardware en Rutger Jan de Lange; **106 l** het huis van Netty Nauta in Amsterdam; **106 r-107** het huis van styliste/kunstenares Reineke Groters in Amsterdam; **108** woonhuis in Amsterdam, eigenares Ank de la Plume; **109 l** Londen: het huis van mw. Hope en dhr. Greenwood, de eigenaars van Hope & Greenwood; **109 r** Madeleine Rogers van Mibo; **110** West-Londen: het huis van Sarah O'Keefe, mede-eigenares van The Cross; **111** het huis van Isobel Trenouth, haar echtgenoot en hun vier kinderen; **112 l** Londen: het huis van Sam Robinson, mede-eigenaar van The Cross and Cross The Road; **112 r** Londen: het huis van Louise Scott-Smith van www.lovelylovely.co.uk; **113** West-Londen: het huis van Sarah O'Keefe, mede-eigenares van The Cross; **114** Londen: het huis van Sam Robinson, mede-eigenaar van The Cross and Cross The Road; **115-116** woonhuis in Amsterdam, eigenares Ank de la Plume; **117** het huis van Joanne Cleasby, kraamhoudster in Snoopers Paradise, Brighton; **118** West-Londen: het huis van Sarah O'Keefe, mede-eigenares van The Cross; **119** Londen: het huis van Sam Robinson, mede-eigenaar van The Cross and Cross The Road; **120 l** woonhuis in Amsterdam, eigenares Ank de la Plume; **120 r** Londen: het huis van David en Jaz Bushell van Drapestar; **121** Riad Yima, ontworpen door de eigenaar Hassan Hajjaj; wordt verhuurd, de manager is Abdelghafour Benbadryef; **122** Dar Beida en Dar Emma, beschikbaar voor verhuur – www.castlesinthesand.com, binnenhuisarchitecten Emma Wilson en Graham Carter; **123 l** Riad Chambres d'Amis in Marrakech (B&B), ontworpen door eigenares Ank de la Plume, ingericht in samenwerking met Household Hardware en Rutger Jan de Lange; **123 r** woonhuis in Amsterdam, eigenares Ank de la Plume; **124** Londen: het huis van Louise Scott-Smith van www.lovelylovely.co.uk; **125-126 l** het huis van Isobel Trenouth, haar echtgenoot en hun vier kinderen; **126 r** het huis van Netty Nauta in Amsterdam; **127** Londen: het huis van Sam Robinson, mede-eigenaar van The Cross and Cross The Road; **128-129** het huis van Isobel Trenouth, haar echtgenoot en hun vier kinderen; **130-131** Alan Higgs Architects; **132 l** het huis van Isobel Trenouth, haar echtgenoot en hun vier kinderen; **132 r & 133 l** Londen: het huis van Sam Robinson, mede-eigenaar van The Cross and Cross The Road; **133 r** Dar Beida en Dar Emma, beschikbaar voor verhuur – www.castlesinthesand.com, binnenhuisarchitecten Emma Wilson en Graham Carter; **134 l** Alan Higgs Architects; **134 r-135** West-Londen: het huis van Sarah O'Keefe, mede-eigenares van The Cross; **136 lb** het huis van Isobel Trenouth, haar echtgenoot en hun vier kinderen; **136 rb** Londen: het huis van Sam Robinson, mede-eigenaar van The Cross and Cross The Road; **136 o-137** Alan Higgs Architects; **144 lm** het huis van styliste/kunstenares Reineke Groters in Amsterdam; **144 rm** Londen: het huis van Louise Scott-Smith van www.lovelylovely.co.uk; **144 r** www.juliaclancey.com

KUNSTENAARS, DESIGNERS EN LEVERANCIERS VAN WIE WERK IN DIT BOEK WORDT GETOOND

www.castlesinthesand.com
+44 (0)776 8352190
(Groot-Brittannië mobiel)
+212 (0)679 65386 (Marokko mobiel)
Voor opdrachten, e-mail
emma@castlesinthesand.com
38 rechts; 70 rij twee linksmidden; 73; 122; 133 rechts.

www.chambresdamis.com
12 rij vier rechts; 35 rechts; 45 rechtsonder; 47 rechts; 63 rechts; 68; 70 rij drie links; 84-85; 100-101; 103 links; 105; 106 rechts-107; 123 links.

Joanne Cleasby at Snoopers Paradise
7-8 Kensington Gardens
Brighton BN1 4AL Groot-Brittannië
+44 (0)1273 602558
1 links; 19 boven; 35 links; 65 links; 66 links; 69 linksboven; 81; 94-95 links; 117.

www.drapestar.com
2 rij een links; 42-43; 45 rechtsboven; 120 rechts.

Reineke Groters, styliste en kunstenares
reineke.groters@zonnet.nl
1 linksmidden; 12 rij een links & rechts; 12 rij vier rechtsmidden; 16 links; 29 links; 30 links; 36 boven & linksonder; 40-41; 46 links; 54 linksboven; 58; 69 rechtsonder; 70 rij vier links & rechts; 86; 103 rechts.

Haberfield Hall
Haberfield Hall is beschikbaar voor verhuur als locatie voor zowel fotografie als film. Neem contact op met Helene Field van Shootspaces.
+44 (0)20 7912 9989
+44 (0)7880 636473
enquiries@shootspaces.com
www.shootspaces.com
4; 5 boven; 12 rij een linksmidden; 12 rij twee rechtsmidden; 12 rij drie linksmidden; 27 links; 36 rechtsonder; 39; 46 rechts; 70 rij drie rechts; 77 rechts; 96-97; 104 rechtsonder; 111; 125-126 links; 128-129; 132 links; 136 linksboven.

Alan Higgs Architects Limited
173 Seymour Place
Londen W1H 4PW Groot-Brittannië
+44 (0)20 7723 0075
fax +44 (0)20 7724 4290
mail@alanhiggsarchitects.com
www.alanhiggsarchitects.com
Team: Alan Higgs, David Weston-Thomas, Richard Nicholls
Stofpanelen in woonkamer door Ketcher and Moore; ontwerp verlichting in woonkamer door Light IQ.
2 rij een rechtsmidden; 12 rij drie links; 19 linksonder; 33; 44 rechts; 47 links; 53; 78-79; 98-99; 130-131; 134 links; 136 onder-137.

Hope & Greenwood
Purveyors of Splendid Confectionery
www.hopeandgreenwood.co.uk
2 rij vier rechts; 21 links; 54 linksonder; 67; 70 rij drie rechtsmidden; 76 links; 104 linksonder; 109 links.

www.householdware.nl
1 rechts; 12 rij twee linksmidden; 12 rij vier linksmidden; 29 links; 38 links; 44 links; 52 links; 69 rechtsboven; 74-75; 92-93; 108; 115; 116; 120 links; 123 rechts.

www.juliaclancey.com
1 rechtsmidden; 2 rij een rechts; 2 rij twee rechtsmidden; 2 rij drie rechts; 2 rij vier links; 5 midden; 17-18; 48 rechts; 50; 54 rechtsonder-56; 59; 61; 64 rechts; 77 links.

Lovelylovely
+44 (0)20 7482 6365
info@lovelylovely.co.uk
www.lovelylovely.co.uk
5 onder; 12 rij twee rechts; 20 rechts; 22 & 23 rechts; 34 links; 37; 69 linksonder; 70 rij een rechtsmidden & rechts; 70 rij vier linksmidden; 77 rechts; 112 rechts; 124.

Mibo
Tel. en fax +44 (0)8700 119620
info@mibo.co.uk
www.mibo.co.uk
2 rij twee rechts; 12 rij drie rechts; 34 rechts; 54 rechtsboven; 57 links; 65 rechts; 109 rechts.

Riad Yima
52 Derb Aarjane – Rahba Lkdima
40 000 Marrakech – Medina, Marokko
+212 (0)24 39 19 87
en

LaRache Boutique
30-32 Calvert Avenue
Londen E2 7JP Groot-Brittannië
+ 44 (0)020 7729 7349
hassanhajjaj@gmail.com
Alle artizanas: Riaka en Saida (Marokko), Ekram (Londen)
29 rechts; 121.

Snoopers Paradise
7-8 Kensington Gardens
Brighton BN1 4AL Groot-Brittannië
+44 (0)1273 602558
nic@internetdropshop.co.uk
6-11.

The Cross and Cross The Road
141 Portland Road
Londen W11 4LR Groot-Brittannië
+44 (0)20 7727 6760
fax +44 (0)20 7727 6745
2 rij drie links & rechtsmidden; 2 rij vier linksmidden; 12 rechtsmidden; 12 rij twee links; 12 rij drie rechtsmidden; 15 boven; 20 links; 24 rechts; 26-27 rechts; 28; 30 rechts; 45 linksonder; 48 links; 57 rechts; 60; 62-63 links; 64 links; 70 rij een links & linksmidden; 70 rij twee links, rechts & rechtsmidden; 70 rij drie linksmidden; 70 rij vier rechtsmidden; 72; 82-83; 88-89; 90-91; 112 links; 114; 118; 119; 127; 132 rechts & 133 links; 134 rechts-135; 136 rechtsboven.

The Turquoise Island
222 Westbourne Grove
Londen W11 2RJ Groot-Brittannië
+44 (0)20 7727 3095
fax 020 7792 8302
flowers@wildatheart.com
www.wildatheart.com
2 rij een linksmidden; 2 rij drie rechts; 12 rij vier links; 16 rechts; 19 rechtsonder; 21 rechts; 24 links; 25; 32; 45 linksboven; 49 links; 66 rechts; 95 rechts; 102; 104 rechtsboven.

REGISTER

Cursief gedrukte cijfers duiden op illustraties en bijschriften.

A
Amsterdam *74-75*, *92-93*
ansichtkaarten 49, *52*, 57, *64*
archiefkasten *20*, 21-23, 109

B
badkamers *54*, 110-117
badkuipen *110*, 112
banken 98-100
  bekleding 18, *19*, *24*, *96-97*
  in de badkamer *113*
  kleden/foulards 18, *27*, *28*,
    37, *88*, *91*, 100
  kleuren *33*
  kussens *26*, *28*, 37
  leer 94
  lichtslangen aan *42*
bedden 18, *24*, 118, 121-125,
  122-123
behang 25, *34*, 35, *36*, 37, *39*,
  81, *81*, 85, *87*, *96-77*, 121
bekleding *16-17*, 18, 20, 37
bloemen 49, 52, *57*, *62*, 75,
  75, 90
boeken *14*
buffetkasten 16, *21*
bureaus 25, *52*, 95, 106-109,
  107, 109

C
Carpenter, Ed 124
Chinese lantaarns *46*
Crosland, Neisha 39

D
Day, Robin 74
dekens 27, 30, 37, 100, *103*,
  121, 125
dozen, opbergruimte 23
dierenvellen 93
dressoirs *34*, *95*
Drummond, Ana 26

E
Eames, Charles en Ray *16*,
  103

eBay 9, 16
eetkamers 72-87
eetkamerstoelen *72*, 76,
  78-81, *83*, 100
eettafels *72*, 76, *80-81*, *83*
elizabethaanse huizen 35
etnische stoffen 25-27, *27*

F
foto's/afbeeldingen 48-57, *49*,
  49, *52*, *95*, *120*
fotolijsten *39*, 52, 55, 57, *95*

G
georgiaanse huizen 35
glaswerk *63*, *69*, *75*, *77*, *102*
glazen bakstenen *35*, *44*,
  100
gootstenen 81, *82*, 84, *133*
gordijnen 25, 29, 39, 100-105,
  125

H
haarden *45*, *57*, *66*, *67*, *96-97*,
  98
Habitat 39
hal/gang *98*, *104*
handdoeken *112*, 115, 117
handtassen *126*
herenhuizen 35
houten vloeren 90
hutkoffers 23, 105

I
India
  kaarsenhouders *63*
  manden *115*
  siervoorwerpen 64, *68*
  stoffen *27*, *39*, *91*, *99*, *118*,
    133, *135*
internet 16, 27, 37
Iran 52

J
jaloezieën *109*
Jones, Jenny *21*

K
kaarsen 47, 49, 84, 115, *135*,
  136
kandelaars *21*, 63, *76*, *110*
kant 25, 29, *30*, 39, 105
kasten 20, 81, 125
  en siervoorwerpen 16, *22*,
    59, 65, *65*
  in de badkamer *113*, 115
  in de keuken 79
  in de woonkamer 106
keramiek *zie* porselein
keukenbenodigdheden 79,
  82
keukens 73-87
  meubels 79-82
  opbergruimte 20-21,
    79-81
  uitstallen (voorwerpen) *20*,
    61-63, *66*, *69*, *76*, 84-87
  verlichting 84
Kidston, Cath *129*, *133*
kisten 23, *91*, 128
kleden 27
  in de tuin *133*, 135
  op banken 18, *27*, *28*, 37,
    88, *91*, 100
  op bedden (spreien) *120*,
    124, *127*
kleden/tapijten 25-27, *33*, 39,
  93-98, *99*, 125, 135
kleding
  laten zien 37, *50*, *56*, *57*, *61*,
    121, *126*
  opbergen 21
kledingkasten/garderobe-
  kasten 20, 21, 79, 121, 125
kleuren 32-39
  in de tuin 135
  in de woonkamer 90
  stoffen 35, 37
  verf 35-37
koelkasten *77*, 82, *87*
koffers 23, 105, 128
kroonluchters 42, *43*, *98*, *126*,
  127

kussens *24-29*, 25, 27, 29,
  37, *38*, *118-119*, *120*, 125,
  132-135, 135
kussenslopen 25, *121*, 125

L
ladekasten *15*, 16, 20, *22*, 105,
  115, 125, *127*
lampen *39*, 42, 44, *47*, 126
lampenkappen 27, 42, 46-47,
  101, *111*, 126, *129*
lantaarns *46*, 135, *136*
leunstoelen *16-19*, 20, 27, 37,
  98-100, *98*, 123, 134
lichtkettingen *43*, *45*, 47, 57
lichtslangen *42*, *45*, 47
lijsten *39*, 52, 55, 57, *95*
Lloyd Loom 23, 100, 117, 135
losse hoezen 18, 37
luikjes 105

M
manden 23, *23*, 75, 82, *112*,
  115, *115*, 137
Marimekko *19*
Marktplaats 9, 16
Marni 98, 99
Marokko 44, 103
  bazaars 52
  eetkamer *80*, *85*
  keukens *73*
  kleden 25-27, 39, 93
  kussens *26*, *27*, *38*, *91*, *92*,
    133, *134*
  lampenkappen *111*
  meubels *92*, *125*
  siervoorwerpen *68*
  slaapkamers *121*, *122*
  verlichting 47, *47*
  woonkamers *101*
matrassen 18, *122*, 123
meubels 14-23
  buiten 134
  in de badkamer *111*
  in de keuken 79-82
  in de slaapkamer 125

in de tuin *132-133*
in de woonkamer 98, 105
meubels kopen 16-20
middeleeuwse huizen 35
Murakami, Takashi *54*
muren
  kleuren 35-37
  neutrale tinten *32-33, 38*, 121
  woonkamer 90
muurdecoraties 48-57

N
natuurlijk licht 46, 103
nissen *68, 90*
Noguchi *99*

O
O'Keefe, Helen *91*
opbergruimte 20-23
  in de badkamer *112*, 115-117, *115*
  in de keuken 20-21, 79-81
  in de slaapkamer 21, 125, 128
  in de tuin 134

P
Pakistan, stoffen *118, 127*
Panton, Verner *76*
paperassen, opbergen 23, 109
parasols *132-133*
patchwork 27, *96-97*
patronen 32-39
perspex, behang bedekken met *81*, 85
planken
  in de slaapkamer 121, *126*
  in de woonkamer *90*
  siervoorwerpen 65, *65, 66*
planten in de tuin 132-133
plastic serviesgoed *84*
porselein *21, 34, 61, 69, 76-77, 76, 95*
potten, planten 132-133
prikbord 109

Q
quilts *27*, 125

R
ramen 46, 100-103
  zie ook gordijnen
reproducties, stoffen 27
rolgordijnen *127*

S
Saarinen, Eero 76, *80, 83*
saristoffen 25, 27, 105
schilderijen *48, 49, 52, 54*, 55
schoenen, uitstallen *15, 23, 126*
schoolbordverf *22*, 109
schoorsteenmantels *45, 54, 57, 66, 67*, 98
shawls 27
sieraden *48, 54*, 57, *60-61, 64, 129*
siervoorwerpen 58-69
slaapkamers 118-129
  meubilair 125
  opbergruimte 21, 125, 128
  patronen *118-120*, 125
  stoffen *24*, 25, 30, *31*, 37, *118-120*, 125
  verlichting *45*, 121, 126-128
Smeg 77, 82
Spanje 30
spiegels 46, 47, 49-52, 57, 64, *83*, 98
  in de badkamer 54, 115
  in de tuin 135, *135*
spotjes 44, 84
spreien 25-27, *31*, 37, *118, 122*, 125
staande lampen 44, *47*
stoelen
  als blikvangers *17*, 18
  buiten *132*, 134, *134*, 135
  in de badkamer *112*, 115
  in de keuken *74*
  in de woonkamer 98-100, *98*
  kopen 18
  op de werkplek 109, *109*

stoffen 24-31
  in de slaapkamer *24*, 25, 30, *31*, 37, *118-120*, 125
  in de tuin *132-135*
  in de woonkamer *96-97*, 100-105
  kleuren 35, 37
  stoelen opnieuw bekleden 18

T
taakverlichting 44, 84, 126
tafellampen 42, 44, *47*, 126
tafelkleden 25, 75, *132*
tafels
  eettafels 72, 76, *80-81, 83*
  in de keuken 79
  in de tuin *132*, 134
  in de woonkamer 105
  op de werkplek 106-109, *107, 109*
  siervoorwerpen uitstallen/etaleren 65
tapijten/kleden 25-27, *33*, 39, 93-98, *99*, 125, 135
Teheran, grote bazaar 52
tekeningenladekasten 21-23, 109
televisies *49*, 98
textiel *zie* stoffen
textuur, stoffen 30
theekast 16
theelichtjes *45*, 47
tuinen 130-137
Turkije 52, 64

U
uitstallen/etaleren 21, 58-69
  aan de muur 48-57
  in de badkamer *113*, 115
  in de keuken *20*, 61-63, *66, 69, 76*, 84-87
  in de slaapkamer 121
  in de woonkamer 90, *90*, 106
  kleding 37, *50, 56*, 57, *61*, 121, *126*
  schoenen *15, 23, 126*
  stoffen 29-30, *29, 30*

V
vazen 66
vensterbanken *58, 86*, 103
verfstoffen 35
verlichting 40-47
  buiten 135
  in de badkamer 115
  in de eetkamer 84
  in de keuken 84
  in de slaapkamer I, 121, 12612-8
  op de werkplek *107*, 109
  taakverlichting 44, 84, 126
  verstelbare lampen *21*, 44, 47, *107*, 109
verven
  kleuren 35-37
  vloeren 90-93, *91, 103*
  in de tuin 135
vloeren
  geverfde 32, 37, 90-93, *91, 103*
  in de keuken *77*
  in de woonkamer 89, 90-98
vloerkussens *29, 119*
vlooienmarkten 16, 18, 27, 61
vouwgordijnen 103, 105

W
wandkleed *118*
wastafels 112, *116, 117*
werkplekken 25, 106-109, *106-107*
Williamson, Matthew *39*
witte muren 90
wol 30
Woodgate, Terence *99*
woonkamers 88-106

Z
zakdoeken *36, 106*
zitgedeelten
  in de tuin 133-134
  zie ook leunstoelen; stoelen; banken
zwembad *137*

DANKWOORD

Ik wil graag Alison Starling bedanken, die mijn idee voor dit boek heeft opgepakt en me de fantastische kans heeft gegeven het te maken. Ook heel veel dank aan Debi Treloar voor al haar prachtige foto's, haar vriendschap en humor, en haar fijne gezelschap in Brighton, Bristol, Amsterdam en vooral Marokko (en voor de kennismaking met de Caipirinha!). Veel dank aan Joanna Simmons voor haar vlotte en interessante teksten. Enorm veel dank aan iedereen van Ryland Peters & Small voor hun harde werk en hun toewijding aan dit project, met name Jess Walton, Amy Trombat, Clare Double, Gemma John en Leslie Harrington. Verder wil ik alle mensen bedanken die ons zo gastvrij welkom hebben geheten in hun mooie 'bazaarhuizen'. Een persoonlijke noot: ik wil alle vrienden bedanken die me succes hebben gewenst en natuurlijk mijn familie voor hun steun en aanmoediging. Bedankt mam, pap, Aimee en mijn Dave.
Selina Lake

Joanna Simmons' dank gaat uit naar Alison Starling, die haar de kans gaf dit boek te schrijven, naar hoofdredacteur Clare Double voor haar toewijding en goede humeur, naar Selina Lake voor het bedenken van het concept en het tot leven brengen daarvan, en naar Steve, voor zijn geduld en steun.

Meine Gute Stube